JN065788

対決の東国史

3

足利氏と新田氏

田中大喜

吉川弘文館

目次

足利氏系図（『新編岡崎市史 中世』より作成、一部加筆）

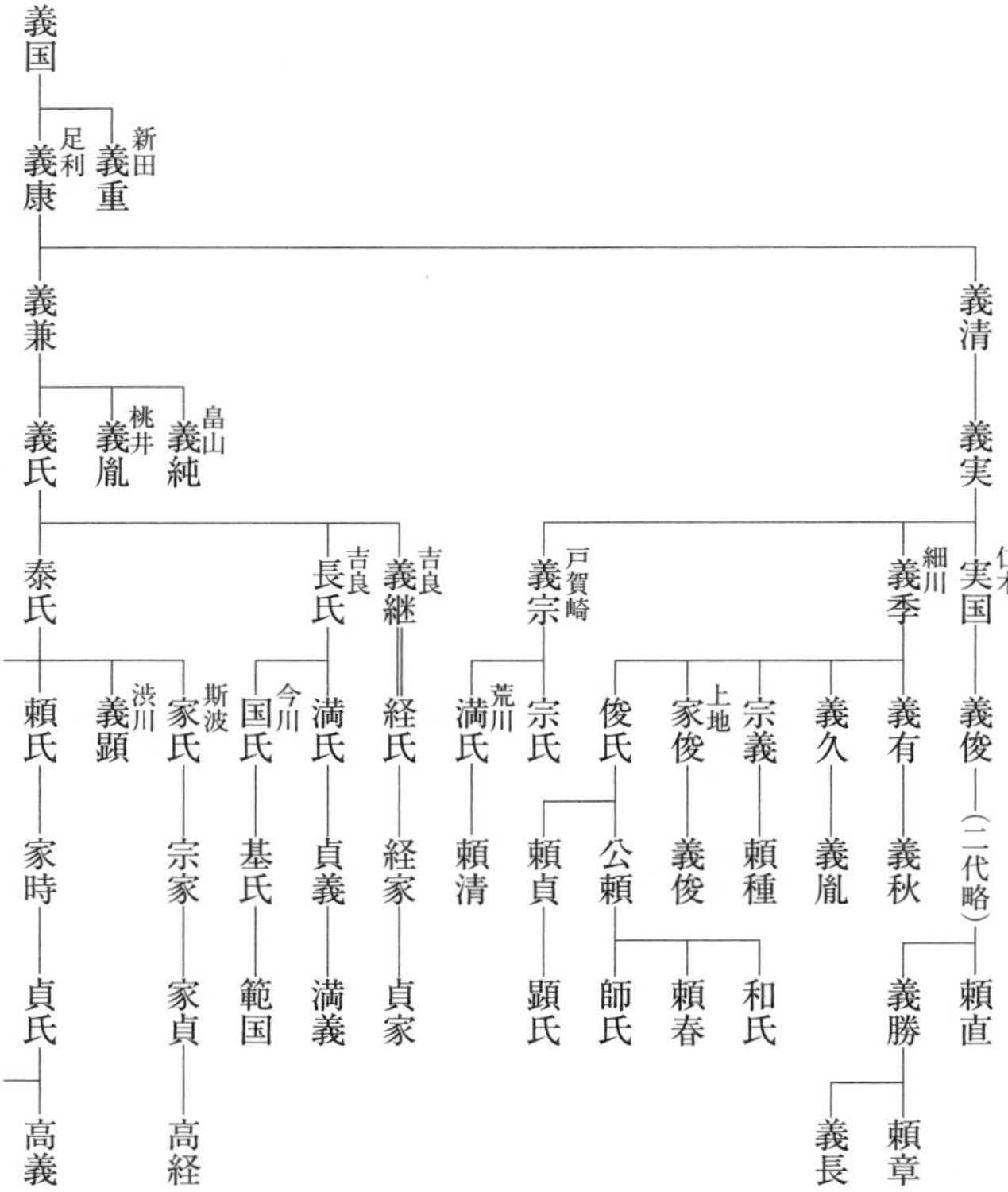

- 頼茂（石塔）
- 公深（一色）
  - 範氏
    - 範光
- 義弁（上野）
- 賢宝（小俣）
- 基氏（加古）

- 尊氏
  - 義詮
  - 基氏
- 直義

新田氏系図（『太田市史　通史編中世』より作成、一部加筆）

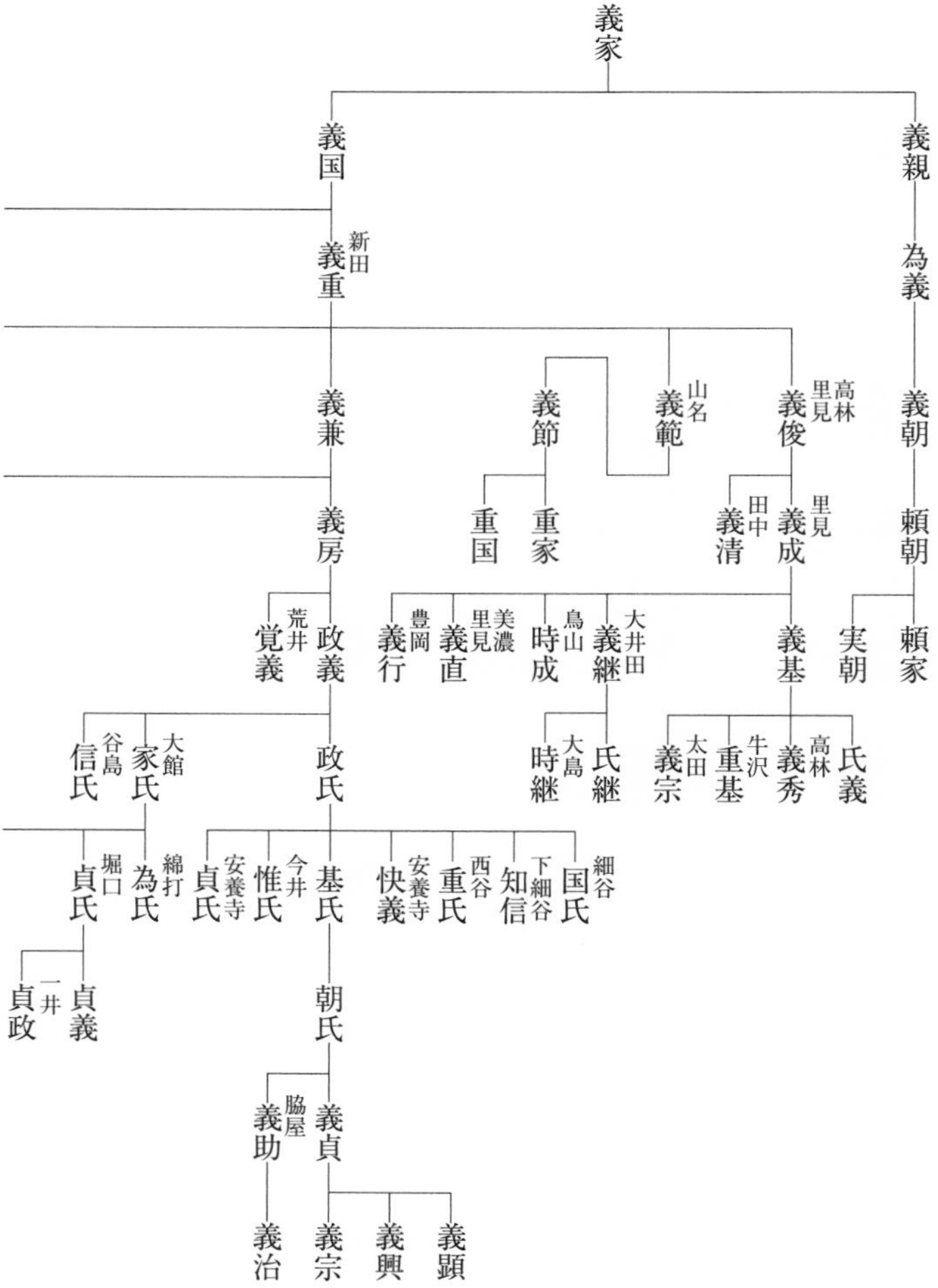

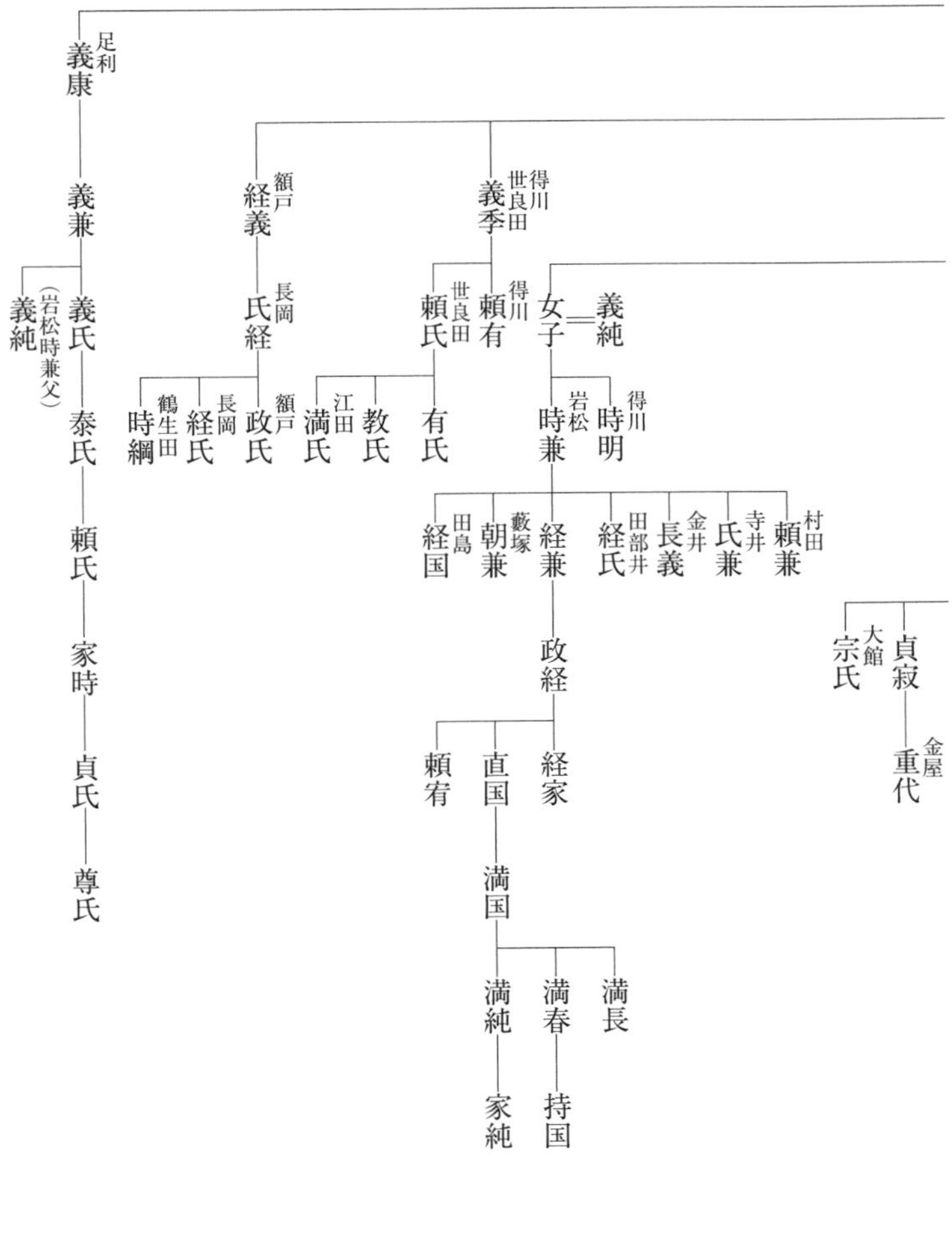
足利
義康
義兼
義氏
(岩松時兼父)
義純
泰氏
頼氏
家時
貞氏
尊氏
額戸
経義
長岡
氏経
額戸
政氏
長岡
経氏
鶴生田
時綱
得川
世良田
義季
得川
頼有
世良田
頼氏
有氏
教氏
江田
満氏
女子
義純
得川
時明
岩松
時兼
村田
頼兼
寺井
氏兼
金井
長義
田部井
経氏
経兼
藪塚
朝兼
田島
経国
政経
経家
直国
頼宥
満国
満長
満春
満純
持国
家純
貞寂
大館
宗氏
金屋
重代

プロローグ

足利氏と新田氏の格差

圧倒的な経済格差

建治元年（一二七五）五月に作成された、六条八幡宮造営《ろくじょうはちまんぐうぞうえい》注文《ちゅうもん》と呼ばれる史料がある。これは、前年に火災によって罹災《りさい》した京都の六条八幡宮という神社を再建するための費用を、鎌倉幕府が配下の御家人たちに賦課するために作成したものである。鎌倉幕府の御家人であった、本巻の主役である足利氏と新田氏の姿をこの史料のなかに探してみると、足利氏は「鎌倉中《かまくらちゅう》」という項目に、新田氏は一族の里見《さとみ》氏と山名《やまな》氏を「上野国」という項目にみつけることができる。

ここで両者の負担額を確認してみると、足利氏は二〇〇貫文であるのに対し、里見氏と山名氏はそれぞれ七貫文と六貫文とわかる。残念ながら新田本宗家の姿は確認できないが、

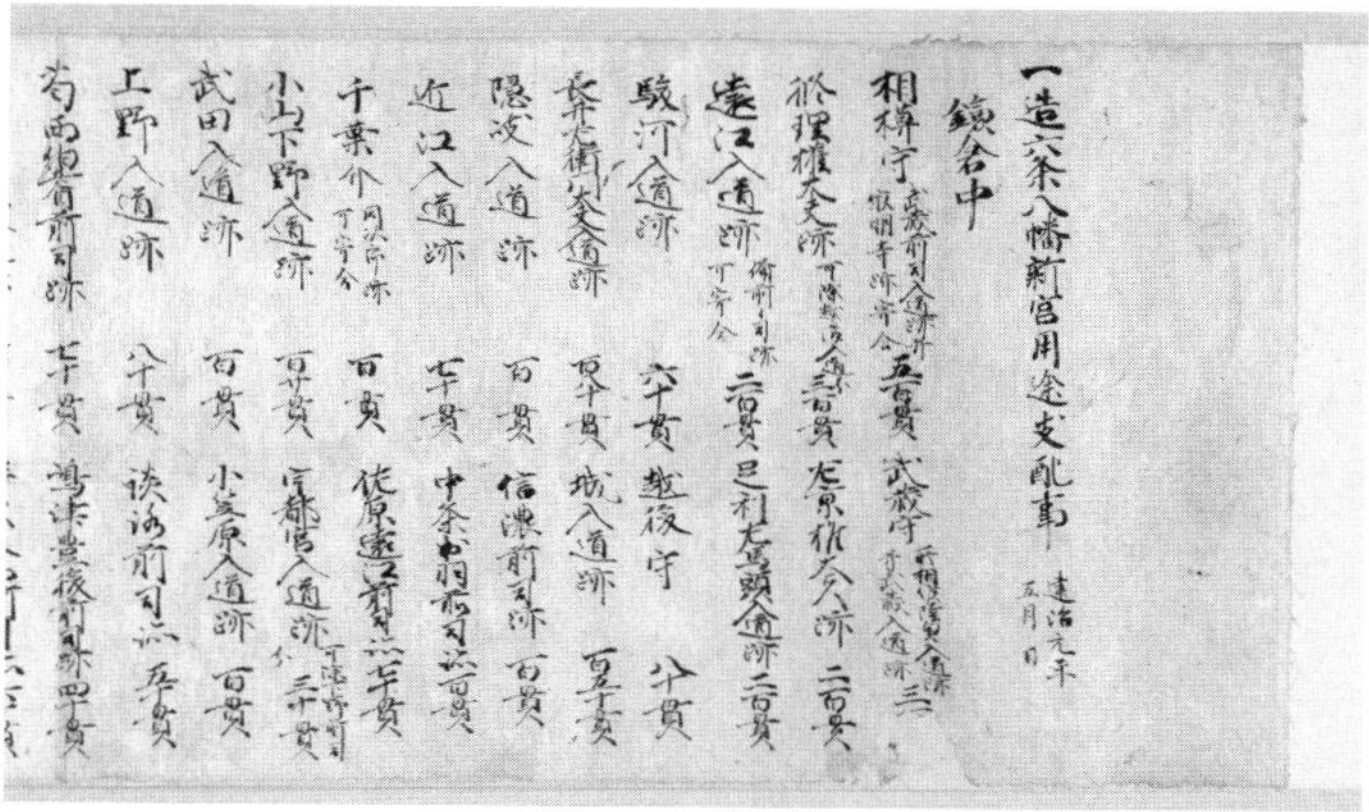

図1　六条八幡宮造営注文（国立歴史民俗博物館所蔵）の鎌倉中（上）と上野国（下）

建長二年（一二五〇）に閑院殿《かんいんどの》と呼ばれていた当時の内裏《だいり》の再建にさいし、新田本宗家は幕府から築地塀《ついじべい》の造作に使用する柱六本を賦課されたことが『吾妻鏡《あずまかがみ》』にみえる。このとき、同じく築地塀の柱六本を賦課された下野国の御家人の阿曽沼《あそぬま》氏は、六条八幡宮造営注文では二〇貫文を賦課されたことが確認できる。このことを考慮すると、かりに新田本宗家が六条八幡宮の再建費用を幕府から賦課されていたとすると、その額は二〇貫文だったと推測でき、里見氏・山名氏の負担額と合わせると新田氏は全体として三三貫文を賦課されたことになる。

一貫文は、現代の価値に換算すると、高く見積もっておおよそ一〇万円程度といわれる。したがって、足利氏の負担額は二〇〇〇万円ほどになるのに対し、新田氏の負担額は里見氏・山名氏・新田本宗家を合計しても三三〇万円ほどになる。足利氏の負担額は新田氏の六倍以上であり、足利氏は巨額の費用を賦課されたことがわかるだろう。ちなみに、足利氏の負担額は、六条八幡宮造営注文のなかで三番目に大きい額である。

六条八幡宮の再建にさいし、足利氏は二〇〇貫文という巨額の費用を幕府から賦課されたが、このことは、足利氏がこれを負担できるだけの巨大な経済力を有していると幕府に認識されていたことを意味する。これに対し新田氏は、里見氏・山名氏・新田本宗家の三家を合わせても三三貫文程度の賦課と推測できるため、新田氏の経済力はそれに照応した小規模なものと認識されていたことになる。六条八幡宮造営注文からは、一三世紀後半において、足利氏と新田氏との間には圧倒的な経済格差があると幕府に認識されていた様子がうかがえるのである。

所領規模の格差

幕府に認識された足利氏と新田氏の圧倒的な経済格差は、両者の所領規模の格差に裏づけられていたとみられる。そこで、このことについて確認してみよう。

足利氏の被官《ひかん》（家人《けにん》）だった倉持《くらもち》氏が伝えた「倉持文書」のなかに、足利氏所領奉行《しょりようぶぎょう》人注文《にんちゆうもん》と呼ばれる史料がある。この史料は、鎌倉末期における足利氏（本宗家）の所領の全貌《ぜんぼう》を記したものである（桑山浩然、一九六二）。これをみると、鎌倉末期における足利氏の所領は、陸奥国から筑前国までの一七国三五ヵ所におよんだことが確認できる。このなかには上総・三河両国の守護職《しゆごしき》も含まれており、鎌倉末期の足利氏は、二ヵ国の守護かつ全国規模におよぶ三〇ヵ所以上の所領を有した有力御家人だったことがわかる。こうした足利氏の姿は、右にみた六条八幡宮造営注文の作成時まで遡及《そきゆう》させて問題ないだろう。

いっぽう、新田氏には、その所領の全貌をいまに伝える史料が残されていないが、鎌倉

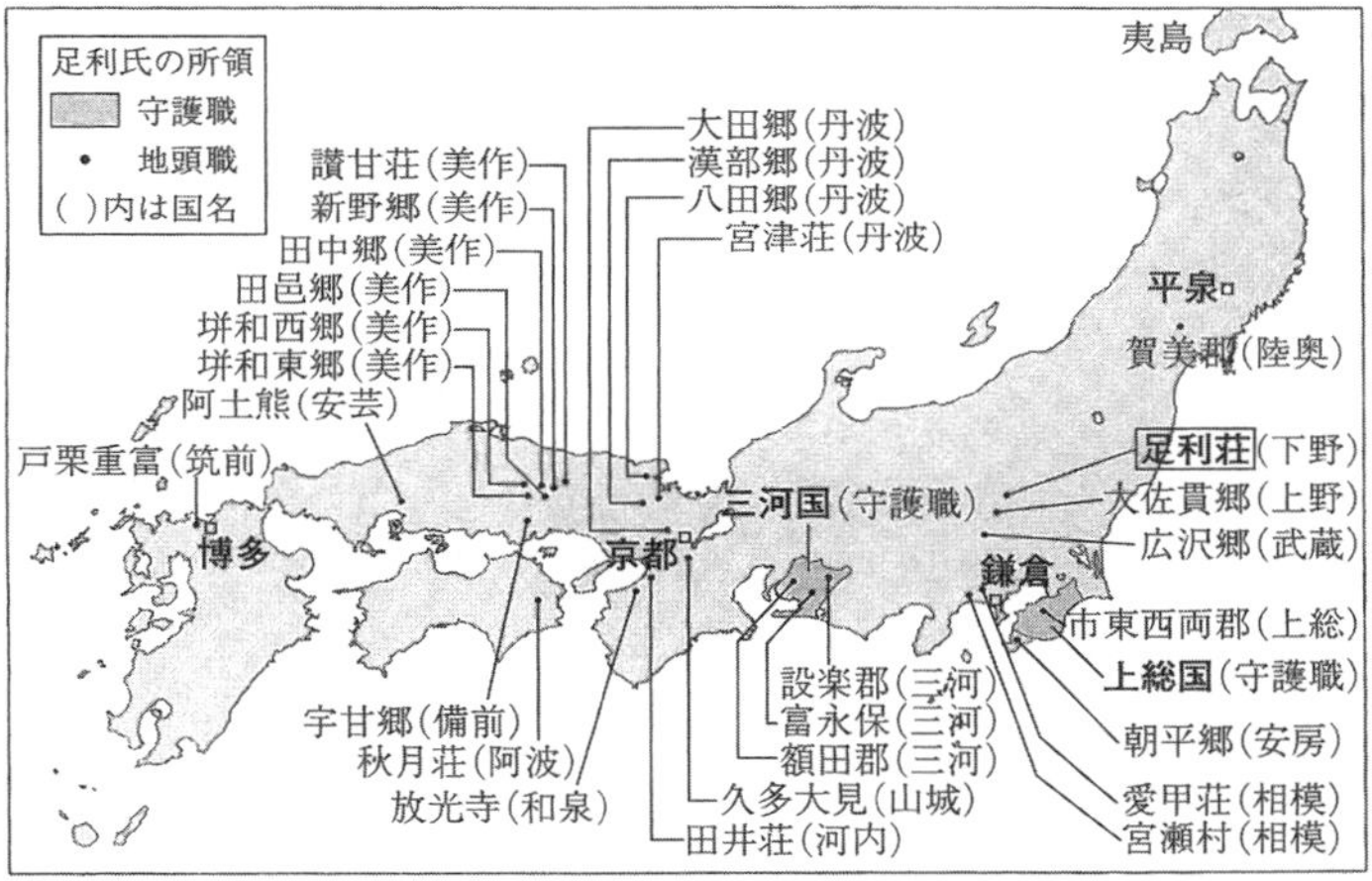

図2　足利氏（本宗家）所領分布図（峰岸純夫・江田郁夫，2011）

期に分出した一族の名字をみてみると、そのほとんどが上野国新田荘《にったのしょう》（現群馬県太田市および桐生市・伊勢崎市・みどり市の一部と埼玉県深谷市の一部）内の地名とわかる。里見氏と山名氏は新田荘内の地名を名字としなかったが、その名字はいずれも同国八《や》幡荘《わたのしょう》（現群馬県高崎市）内の地名に由来している。これらのことから新田氏は、鎌倉期を通じて新田荘と八幡荘の二つの所領を本領《ほんりょう》（存立基盤）としていた様子がうかがえよう。

しかしながら、新田氏の所領は、決してこれらだけにとどまるものではなかった。すなわち、東国では陸奥国の千倉荘《ちくらのしょう》（現福島県南相馬市）、下総国の相馬御厨内《そうまのみくりやのうち》野《の》

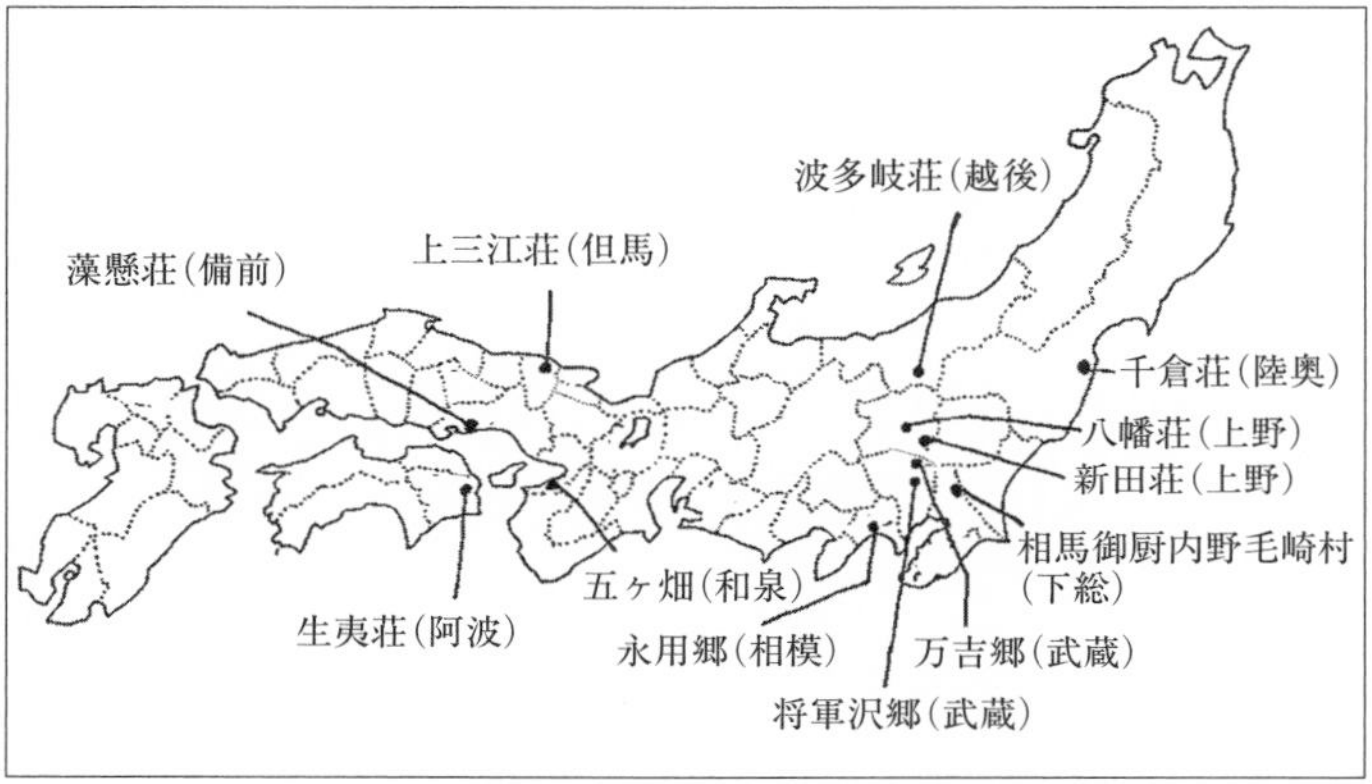

図3　新田氏所領分布図

毛崎《げさき》（野木崎《のぎさき》）村《むら》（現茨城県守谷市）、武蔵国北部の万吉郷《まげちごう》（現埼玉県熊谷市）・将軍沢郷《しょうぐんざわごう》（現同嵐山町）、相模国中央部の永用郷《ながもちごう》（現神奈川県平塚市）、越後国南部の波多岐荘《はたきのしょう》（現新潟県十日町市・津南町）、西国では和泉国の五ケ畑《ごかはた》（現大阪府岸和田市）、但馬国の上三江荘《かみみえのしょう》（現兵庫県豊岡市）、備前国の藻懸荘《もかけのしょう》（現岡山県瀬戸内市）、阿波国の生夷荘《いくなのしょう》（現徳島県勝浦町）にも、新田氏の所領が存在したことが史料上確認できるのである。だが、これらの所領をすべて合わせても、新田氏の所領は一族全体で一二ヵ所ほどしかなく、その多くが上野国東部・中央部―武蔵国北部―越後国南部という比較的至近範囲にまとまっていたことがわかる。さらに新田氏は、鎌倉期を通じて守護職に任命されることもなかった。

したがって、新田氏の所領規模は一般御家人レベルで、足利氏とは対照的といえ、六条八幡宮造営注文作成時の新田氏の姿は、このようなものだったと考えられる。

このように足利氏と新田氏の所領規模を比べてみても、その格差は歴然していたことがわかる。こうした両者の所領規模の格差が、幕府に両者の経済格差として認識され、それが六条八幡宮造営注文に反映されたと理解できよう。

鎌倉幕府の政治的地位の格差

足利氏と新田氏の経済格差は、幕府における両者の政治的地位の格差にも照応していた。次に、このことを確認してみたい。

幕府に参画した御家人たちは、本来、「鎌倉殿《かまくらどの》（将軍）の前では平等」を原則としていた。ところが、六条八幡宮造営注文が作成された一三世紀後半には、幕府中央要職を基準とする幕府独自の家格秩序が成立し、御家人は支配する側と支配される側に分裂したのである（細川重男、二〇一一）。

幕府中央要職に世襲的に就任できた御家人は、「特権的支配層」と呼ばれている。足利氏は、一三世紀前半から半ばにかけて活躍した義氏《よしうじ》が政所《まんどころ》別当《べっとう》に就任したものの、それ以外は幕府中央要職に就任することがなかった。しかし、一三世紀半ばの五代将軍藤原《ふじわらの》頼嗣《よりつぐ》期以降、足利氏は将軍近臣の役割を担うようになり、幕府支配層の一角に連なったことが知られている（前田治幸、二〇一〇a）。前述したように、足利氏は六条八幡宮造営注文において「鎌倉中」の項目に記載されたが、鎌倉中とは鎌倉に本籍を置く御家人を表す用語である。このことから、一三世紀後半までに足利氏は、本領だった下野国足利荘《あしかがのしょう》（現栃木県足利市）を離れて鎌倉を活動基盤にするようになった様子がうかがえるが、これは将軍近臣の役割を担うようになった実態と対応している。

また、足利氏は幕府中央要職に世襲的に就任しなかったものの、叙爵《じょしゃく》（貴族として下限の位階だった従五位下に叙位《じょい》されること）や王朝官職《おうちょうかんしょく》への任官の年齢を基準にしてみた場合、一三世紀半ば以降は北条氏《ほうじょうし》嫡流家《ちゃくりゅうけ》の得宗家《とくそうけ》に次ぐ家格（寄合衆家《よりあいしゅうけ》並み）にあったことが明らかにされている（前田治幸、二〇一〇a）。さらに、のちにも述べるが、全国規模におよぶ散在所領《さんざいしょりょう》を形成したことにともない、足利氏は鎌倉の屋敷に多くの被官を擁した中央家政機関（政所）を設置して、これらを独自に管理・運営するようにもなっていた。このような足利氏の姿は、特権的支配層に加わったほかの御家人たちと何ら変わるところがない。したがって、足利氏もその一員に准じた存在とみて差し支えないと判断される。

これに対して新田氏は、一三世紀半ばから後半にかけて将軍近臣として『吾妻鏡』に登場する世良田頼氏《せらたよりうじ》を除くと、鎌倉の政界で活躍した者は存在せず、まして幕府中央要職に就任する者も現れなかった。よって、鎌倉期を通じて新田氏は、基本的に上野国の新田荘と八幡荘を活動基盤としていたとみられ、鎌倉には必要に応じて姿をみせる程度だったと考えられる。これは、新田氏の所領の大部分が上野国東部・中央部—武蔵国北部—越後国南部にまとまっていたという実態をみても首肯されよう。こうした新田氏の所領形態・規模から推すと、新田氏は足利氏のように大規模な家政機関を持つこともなかったと思われる。前述したように、新田氏の一族の里見氏と山名氏は、六条八幡宮造営注文において「上野国」の項目に記載されたが、これはこのように新田氏が上野国を拠点に活動する一般御家人（国御家人）だったことを示していると捉えられよう。

一三世紀後半の鎌倉幕府体制下において、足利氏は准特権的支配層として支配する側に位置づいたのに対し、新田氏は上野国の一般御家人として支配される側に位置づいたのだった。足利氏と新田氏の経済格差は、このような幕府における両者の政治的地位の格差にも照応していたのである。

本巻の主題

以上みてきたように、一三世紀後半時の足利氏と新田氏との間には、圧倒的な経済・政治的格差が開いていたのであった。このような圧倒的な格差を目にすると、足利氏と新田氏は、果たして「対決」するにふさわしい、対等の立場に立つ存在とみなしうるのか、疑問が生じよう。しかしながら、周知のように実際のところ、足利氏と新田氏は、南北朝内乱においてそれぞれ北朝・南朝の主将として対等の立場に立って対決したのである。鎌倉期に圧倒的な格差が築かれたにもかかわらず、両者はいかにして対等の立場に立ち、対決するに至ったのだろうか。本巻では、両者が対決に至るまでの政治過程と、南北朝内乱における両者の抗争の一部始終、そして足利氏の覇権確立後の両者の関係について明らかにしてみたい。

それでは、足利氏と新田氏が対決するに至るまでの政治過程を明らかにすることから始めよう。だが、そのためには、源義国《みなもとのよしくに》を共通の祖とした足利氏と新田氏の格差がいつ、いかにして生じ、拡大していったのか、そしてそれが両者の関係にどのような影響を与えたのかを明らかにしておくことが必要だろう。そこで本巻のはじまりは、治承四年（一一八〇）八月の源頼朝《よりとも》挙兵時に設定したい。足利氏と新田氏の格差は、ここから始まったのだった。

一　格差のはじまり

1 頼朝挙兵の明暗

源頼朝の挙兵

治承四年（一一八〇）八月十七日、平治《へいじ》の乱の敗戦により伊豆国に流罪になっていた源頼朝が挙兵した。一般的にこの挙兵は、平家の王権簒奪《さんだつ》を糾弾《きゅうだん》して各地の反平家勢力に平清盛《たいらのきよもり》の追討を命じた、後白河《ごしらかわ》法皇の皇子以仁王《もちひとおう》の令旨《りょうじ》（天皇・上皇以外の王族が発給する文書）に応じたものといわれている。しかし実際には、以仁王とともに挙兵した源頼政《よりまさ》の孫の有綱《ありつな》が伊豆国の目代《もくだい》（国司の代官）として同国に存在していたため、これを追討するべく、この直前に清盛が大庭景親《おおばかげちか》らを相模国に下向させたことが、頼朝に極度の緊張をもたらし、挙兵の大きな要因となったようである（川合康、二〇二一）。

挙兵した頼朝は、舅《しゅうと》の北条時政《ほうじょうときまさ》の競合相手で、有綱に代わって目代となった平家方の山木兼隆《やまきかねたか》を討つことに成功した。しかし、二十三日に相模国の石橋山《いしばしやま》（現神奈川県小田原市）で景親に敗れ、海上から安房国へ逃れた。当時、伊豆国と安房国の間には、両国の国衙《こくが》（国司が政務を執る役所）をつなぐ海路が存在していた。また、安房国の最有力の武士だった安西景益《あんざいかげます》は、頼朝の麾下《きか》に参じた相模国の三浦義澄《みうらよしずみ》の聟《むこ》だった。頼朝の安房国への逃走は、このような相模・伊豆両国と安房国との緊密な交流を背景にしたものだったのである。

安房国に上陸した頼朝は、三浦氏や安西氏と勢力を競っていた平家方の長狭常伴《ながさつねとも》を討ち、房総半島を北上した。すると、これに呼応して、上総広常《かずさひろつね》や千葉常胤《ちばつねたね》などの上総・下総両国の武士たちが頼朝のもとに参向した。実は広常や常胤も、平家との姻戚《いんせき》関係を背景に下総国で勢力を振るっていた藤原親政《ふじわらのちかまさ》と厳しく対立していたため、頼朝軍への合流はこれを清算する絶好の機会と捉えたのだった。このように頼朝の軍事行動は、伊豆・相模・房総半島の武士たちが直面していた現地の勢力争いに規定されていたのであり、それが頼朝の勢力を短期間のうちに膨張させた要因にもなったのである。

九月下旬、頼朝は下総国から武蔵国への入国の機会をうかがった。武蔵国は、長く平家

挙兵から鎌倉入りまで

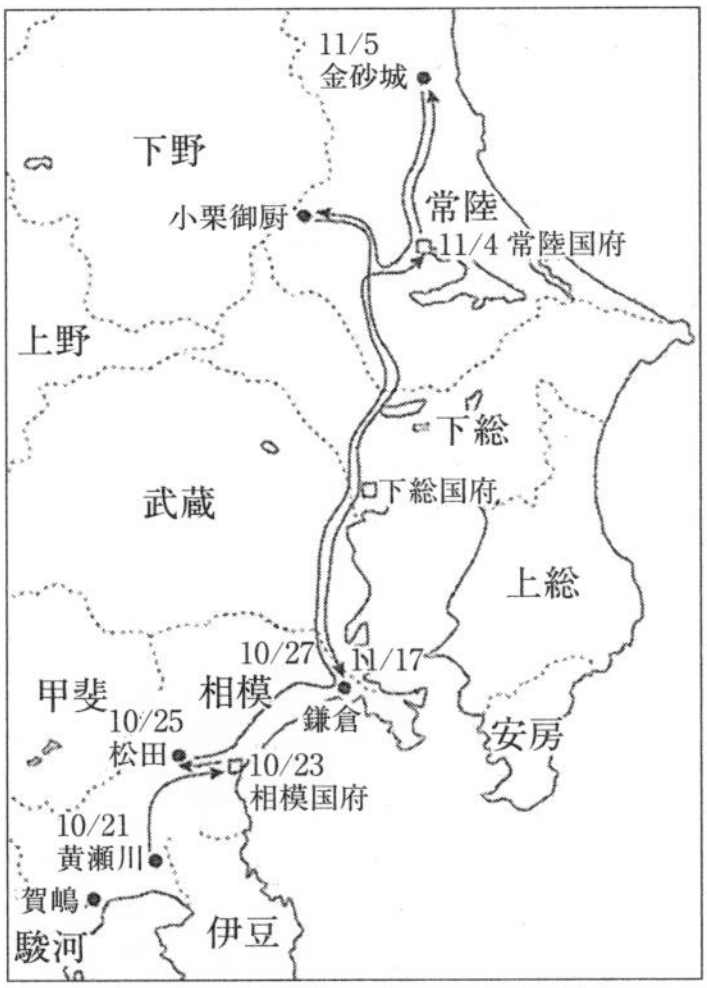

富士川合戦から金砂城まで

図4　頼朝行軍図（高橋一樹，2013より作成）

の知行国《ちぎょうこく》（一国の収益と支配権を与えられた国）だったため、最大勢力である秩父平氏《ちちぶへいし》をはじめとする同国の武士の多くは平家の家人になっていた。そこで頼朝は、秩父平氏のなかで早くに麾下に参じた豊島清元《としまきよもと》・葛西清重《かさいきよしげ》父子を通じて、下総・武蔵の境界領域だった隅田川《すみだがわ》河口部（現東京都墨田区・江東区）を勢力圏としていた同族の江戸重長《えどしげなが》を懐柔《かいじゅう》することで、武蔵国への入国を果たした。すると、これを機に嫡流の河越重頼《かわごえしげより》をはじめとする秩父平氏の主立った武士たちが、次々と頼朝軍に合流した。こうして南関東の武士を糾合《きゅうごう》した頼朝は、十月六日、「嚢祖《のうそ》の地」である相模国鎌倉（現神奈川県鎌倉市）に入ったのである。

足利義兼の帰順

挙兵後およそ二ヵ月をかけて鎌倉にたどり着いた頼朝だったが、腰を落ち着ける暇はなかった。というのも、京から派遣された平家の追討軍が駿河国に到着していたからであり、頼朝はこれを迎え撃つべく、伊豆と駿河の国境をなす黄瀬川《きせがわ》（現静岡県沼津市）へ出陣した。ところが、平家軍は頼朝と戦う前に、頼朝と同時に挙兵していた甲斐源氏《かいげんじ》に富士川《ふじかわ》（現静岡県富士市）で敗れ、京へ退却した。

これを見届けた頼朝は、まもなく常陸国北部の奥七郡《おくしちぐん》（現茨城県北茨城市・高萩市・日立市・常陸太田市・常陸大宮市・大子町・那珂市・ひたちなか市・東海村）を勢力基盤としていた佐竹秀義《さたけひでよし》の追討に出陣した。この軍事行動の背景にも、上総氏・千葉氏と佐竹氏との長年にわたる勢力争いがあったが、いっぽうで頼朝はこれに乗じて佐竹氏を討ち、広大な奥七郡を麾下の南関東の武士に新恩所領として給与する機会と捉えていた。秀義は金砂《かなさ》城《じょう》（現茨城県常陸太田市）に籠もって激しく抵抗したものの、十一月五日、広常の謀略により城を捨て逃走した。

十一月十七日に鎌倉へ帰還した頼朝は、翌月十二日に新造御亭（大倉御所《おおくらごしょ》）への移徙《いし》（転居）を行い、麾下の武士たちから「鎌倉の主」に推戴された（『吾妻鏡』、以下『鏡』と略称)。このとき、新造御亭へ移徙する頼朝に供奉《ぐぶ》する武士の一人として、御家人足利氏の祖となった足利義兼《よしかね》の姿を確認できるが、これが初見史料となる。義兼は、この時点で頼朝の配下に入り、その側近くに仕えるようになっていたことがわかる。このことを踏まえると、義兼の頼朝への帰順時期はこれ以前にさかのぼることは確実であり、後述するように、それは頼朝が常陸国から帰還した頃のことと考えられる。

翌年二月、義兼は頼朝の命により、その妻北条政子《まさこ》の妹と結婚した(『鏡』)。義兼の母(熱田大宮司《あつただいぐうじ》藤原範忠《のりただ》の娘)と頼朝は従兄弟の関係にあったことから、この婚姻は頼朝と義兼との絆をいっそう強めたと思われる。こうして義兼は頼朝の側近くに仕えるだけでなく、頼朝と義兄弟にもなったのであり、頼朝に厚遇された様子がうかがえる。義兼の父の源義《よし》康《やす》は、かつて保元《ほうげん》の乱のさい、頼朝の父の源義朝《よしとも》とともに後白河天皇陣営の主力を構成して対等の立場にあったことを想起すると、義兼も本来は頼朝と対等の関係にあったとみるべきである。それゆえ頼朝は、義兼の帰順を喜んで受け入れて厚遇し、これにより甲斐源氏をはじめとする周囲の自立的な諸源氏に対し、自己の立場の優位性を誇示しようとしたのだろう(小谷俊彦、一九七七a)。

本来、頼朝と対等の関係にあったにもかかわらず、義兼は対抗する姿勢をみせることなく帰順し、頼朝から厚遇された。これに対して、新田氏の祖となった新田義重《よししげ》は頼朝にいかに対処し、そして頼朝からいかに処遇されたのだろうか。

新田義重の野望

頼朝の挙兵時、義重の姿は京にあった。義重は、久安五〜六年（一一四九〜五〇）頃から父の源義国に代わって在京活動を行っており、平治の乱後の仁安年間（一一六六〜六九）には平重盛《しげもり》の家人になっていた（『鏡』養和元年〈一一八一〉九月七日条）。義重は、平家方の在京武士として、頼朝の挙兵を迎えたのである。

前述したように、東国では頼朝と同時に甲斐源氏が挙兵していたが、九月には信濃国で頼朝の従兄弟にあたる源義仲《よしなか》も挙兵し、反乱は拡大の一途をたどった。そのため、治承三年（一一七九）七月に死去した重盛に代わって平家の当主となった異母弟の平宗盛《むねもり》は、これらの東国の反乱勢力を鎮圧するべく、義重を東国へ下向させた（『山槐記《さんかいき》』）。この時点の義重は宗盛の家人になっていたことがわかるが、重盛の死去を機に宗盛に仕えるようになったのだろう。

義重の本拠地は、上野国の八幡荘と新田荘だったため、宗盛は義重を上野国へ下向させて北関東の平家家人を中心とする武士たちを糾合し、反乱勢力を追討しようとしたとみられる。義重は、北関東に本拠地を置く有力な平家家人の一人だったのであり、宗盛の信頼も厚かった様子がうかがえよう。義重は、八月二十八日には上野国に入ったことが確認できるが、彼を待ち受けていたのは想定外の現実だった。

すなわち、義重が上野国に入った頃、甲斐源氏は富士北麓の波志太山《はしだやま》（正しくは足和田《あしわだ》山《やま》か、現山梨県富士河口湖町）で大庭景親の弟の俣野景久《またのかげひさ》と駿河国目代の橘遠茂《たちばなのとおしげ》らが率いる平家方の軍勢を破り、九月十日には南信濃の大田切郷《おおたぎりごう》（現長野県駒ヶ根市）に拠る平家方の菅冠者能友《すがのかじゃよしとも》を討った。同じく九月、義仲も北信濃の市原《いちはら》（正しくは市村か、現長野市）で平家方の笠原頼直《かさはらよりなお》を破り、その後、亡父源義賢《よしかた》の遺領である上野国多胡荘《たごのしょう》（現群馬県吉井町）へ向かった。いっぽう、前述したように、頼朝はいったん敗走したものの南関東の武士の糾合に成功し、再起を果たしたのである。

このように、義重が上野国に入ってしばらくすると、関東の形勢は反平家勢力の優勢のうちに推移したのだった。周囲を敵対勢力に囲まれる状況となった義重は、ここで大きな賭《かけ》にでる。すなわち、「故陸奥守《むつのかみ》（源義家《よしいえ》）の嫡孫」を称して自立し、八幡荘の寺尾城《てらおじょう》に籠もって軍兵を集めるという行動にでたのである（『鏡』）。義重のこの行動は、平家の麾下から脱するだけでなく、同じく義家の子孫にあたる頼朝や義仲に対抗する姿勢を鮮明にしたことを表している。つまり義重は、反平家勢力の鎮圧という任務の遂行が困難と判断

図5　寺尾城（館）跡と伝わる永福寺（現群馬県高崎市）

して反平家方に立場を変え、さらには頼朝や義仲らに対抗して関東の覇権争いに名乗り出たのだった。

義重の挫折

関東には反平家の立場をあらわにする多様な勢力が割拠し、混沌とした情勢が長く続くことを、義重は予想したのだろう。ところが、そうした義重の思惑に反し、関東の形勢は頼朝を中心に動き出す。すなわち、前述したように、南関東の武士を糾合して十月六日に鎌倉に入った頼朝は、その後、黄瀬川で平家の追討軍が甲斐源氏に敗北したのを見届けると、十一月五日には佐竹秀義を討って常陸国奥七郡を占領し、東山道《とうさんどう》と東海道《とうかいどう》の東の結び目にあたる同国を手中に収めることに成功した。これにより頼朝は、関東の東山道両国（上野・下野国）に対し、南と東から圧力を加えることができるようになり、北関東にも頼朝の影響力が浸透していったのである。

帰順を促す頼朝の使者が義重のもとを訪れたのは、こうして北関東に頼朝の圧力が強まる状況下でのことだった。隣国の下野国では、義重と勢力を競っていた藤姓《とうせい》足利氏、そしてこれと国内を二分する勢力とうたわれた小山《おやま》氏が、すでに頼朝に帰順していた。こうした情勢を受け、義重もついに帰順の意思を固め、頼朝の召喚に応じて鎌倉へ参上することとなったのである。

鎌倉へ入ろうとした義重は、当初、頼朝から「鎌倉中」へ入ってはならないと通告され、鎌倉の北の出入り口にあたる山内《やまのうち》に逗留《とうりゅう》を余儀なくされた。寺尾城に籠城して、帰順を拒んできたことに対する報復措置であり、頼朝の冷遇は明らかだった。やがて頼朝に呼ばれた義重は、次のように弁明したと伝わる（『鏡』）。

敵対する気持ちはありませんでしたが、各地で戦闘が起きている時分に、軽々に城を出るべきではないと家人たちがいさめますので、ためらっておりましたところ、いま参上せよとの命令を受け、大変恐縮しております。

むろん本心ではなく、頼朝もそれを承知していたはずだが、側近の安達盛長《あだちもりなが》の取りなしもあり、この弁明は頼朝に受け入れられた。ここに義重は、頼朝の麾下に加わり、鎌倉幕府の御家人となったのである。

頼朝の挙兵を受け、これに対抗することなく帰順した足利義兼に対し、対抗する姿勢をみせた挙げ句に帰順した新田義重。頼朝挙兵に対するこの両者の対応の差異は、足利氏と新田氏の格差のはじまりとなる。それでは、足利氏と新田氏の明暗をわけることになった義兼と義重の判断の差異は、いったい何に由来するのだろうか。この事情を探るべく、次節では頼朝挙兵前に時期をさかのぼり、義兼と義重を取り巻いた政治環境と彼らの置かれた立場をみてみよう。

2　義兼と義重の思惑

義兼と義清

前述したように、足利義兼の初見史料は、治承四年（一一八〇）十二月十二日の頼朝の新造御亭への移徙に供奉したさいのものであり、それ以前の義兼の動向を伝える史料は存在しない。しかし、父の源義康は鳥羽《とば》上皇の北面《ほくめん》の武士に加わり、在京武士として活動していた。また、母も鳥羽の后だった美福門院《びふくもんいん》に女房として仕えていた。これらのことを踏まえると、義兼は京で生まれて成長したとみられる。実際、義兼は、鳥羽と美福門院との間に生まれた八条院暲子《はちじょういんしょうし》内親王に蔵人《くろうど》（家政機関職員である院司《いんじ》の一つ）として仕えていたことが確認できる（『尊卑分脈《そんぴぶんみゃく》』）。義兼は、八条院に仕えながら、父と同じく在京武士としての道を歩んでいたのだろう。

義兼には、義清《よしきよ》という異母兄がいた。義清も、義兼と同じく八条院に判官代《ほうがんだい》（院司の次官）として仕えていたことが確認でき（『尊卑分脈』）、在京武士として活動していたとみられる。八条院は皇女でありながら鳥羽の正統な後継者とみなされており、義清・義兼兄弟は父義康の鳥羽奉仕の路線を継承して八条院に仕えたのである。

ところで義清は、史料上では「足利矢田判官代」（『尊卑分脈』）や、「矢田判官代」（『延《えん》慶本《ぎょうぼん》平家物語』など）として現れることから、「矢田」を名字としていたことが知られる。この名字の地については所説あり見解の一致をみていないが、「北酒出本《きたさかいでぼん》源氏系図」の義清の注記にみえる丹波国何鹿郡矢田郷《いかるがぐんやたごう》（現京都府綾部市）の可能性が高い（佐々木紀一、二〇〇一）。なぜならば、義清は在京武士として活動していたとみられることや、のちに源義仲が京へ進攻するさい、ともに丹波方面より攻め込んだことが確認できる（『皇代《こうだい》暦《れき》』『延慶本平家物語』）からである。おそらく義清は、何かしらの契機で丹波国矢田郷を獲得し、ここを在京活動のための政治・経済拠点としていたのだろう。

さて義康は、父源義国から下野国の足利荘とその南隣に位置する簗田御厨《やなだのみくりや》（現栃木県足利市）の権益を継承していた。保元二年（一一五七）五月、義康が死去すると、足利荘の権益は義兼が継承したが、簗田御厨の権益は義清に継承された（「久志本常辰反故集記《くしもとつねときほごしゅうき》」永暦二年〈一一六一〉五月一日付官宣旨《かんせんじ》）。頼朝挙兵前の義兼は、異母兄の義清と北関東の父の遺産をわかち合い、ともに八条院に仕える在京武士として活動していたのである。

義清と義仲

治承四年（一一八〇）五月、以仁王の平家打倒計画が発覚した。以仁王は京を脱し、園城寺《おんじょうじ》（現滋賀県大津市）を経て奈良の興福寺《こうふくじ》のもとへ向かったが、途中の宇治川《うじがわ》（現京都府宇治市）で平家軍に追いつかれ合戦となった。合戦は平家軍の勝利で終わったが、以仁王側に加わって敗死した人びとのなかに義清の名前が確認できる（『山槐記』）。しかし、実際にはその首は義清のものではなく、義清は戦場にいなかったと記されている。つまり、義清は宇治川の合戦には参加していなかったものの、平家方より以仁王側に与同しているとの嫌疑をかけられたということだろう。以仁王は八条院の養子となってその庇護下で生活していたため、八条院に仕える義清と何かしらの交流があったとみられる。

宇治川合戦後、義清はしばらく史料上から姿を消すが、寿永二年（一一八三）七月に義仲が京へ進攻するさい、その同盟者としてふたたび姿を現す。義清はどこかへ逃亡し、いずれかの時点で義仲に合流したことが知られるが、義清の逃亡先はどこで、義仲への合流はいつのことだったのだろうか。

まず想定できる逃亡先は、名字の地の丹波国矢田郷である。しかし、宇治川合戦後も以仁王の生死や興福寺の動向がはっきりしていなく、京周辺の軍事的緊張が容易に解消されなかった状況を踏まえると、義清が矢田郷を逃亡先に選んだとは考えにくい。できるだけ京およびその近国から離れた場所へ逃れたはずである。このように考えると、もう一つの想定しうる逃亡先として浮上するのが、父義康から継承した下野国簗田御厨である。

この点に関して、『延慶本平家物語』には、義仲にしたがった勢力の一人として「上野国勇子足利ガ一族」が記されている点が注目される。通常、上野国の足利氏とは藤姓足利氏を指すと思われるが、治承四年十月半ばに義仲は藤姓足利氏を追って上野国へ入ったことから、両者は敵対していたと考えるのが妥当である。したがって、この「足利ガ一族」とは、藤姓足利氏ではなく源姓足利氏となるが、具体的には義仲に与した義清を示すと考えられよう（「上野国」は「下野国」の誤記か、あるいは義清を藤姓足利氏と誤認したためか）。平家から以仁王への与同の嫌疑をかけられた義清は、京から簗田御厨へ逃亡し、やがて上野国へ進出してきた義仲に合流したと考えたい。

それでは、義清が義仲に合流した背景とは、いかなるものだったのだろうか。これについては、義清の名字の地を信濃国に近接する上野国多胡郡（荘）の矢田郷（現群馬県吉井町）と捉え、こうした地理的関係から理解する見解がある（菱沼一憲、二〇〇四）。しかし、上野国の矢田郷が義清の所領だった明証は得られないため、にわかにはしたがいがたい。そこで注目されるのが、義仲の兄仲家《なかいえ》の存在である。実は、仲家も八条院に蔵人として仕えており、宇治川合戦では以仁王側に与して敗死していた。つまり、義清と仲家は、ともに八条院に仕える同僚だったのであり、こうした縁を背景に義清は義仲に合流したと考えられよう。

義清との競合

義清が簗田御厨へ逃亡し、やがて義仲に合流したという情報は、まもなく京にいた義兼の耳にも入ったものと思われる。そして、この義清の行動は、義兼を大いに刺激することになったと考えられる。というのも、前述したように、義兼は父義康から足利荘の権益を継承したものの、日常的に在京していたため現地を直接支配していたわけではなかった。したがって、義清が簗田御厨へ逃亡し、北関東で軍事行動を起こしたことにより、義兼は義清が足利荘へも進出し、自己の権益を脅かすことを危惧したと考えられるからである。

義清の簗田御厨への逃亡は、足利荘の権益をめぐる義兼との競合を引き起こしたと考えられる。これにより、義兼は義清に対抗する手段を講じる必要に迫られたはずだが、それが頼朝への帰順だったと理解できよう。すなわち、北関東へ進出してきた義仲と結んで下野国での権益を拡大しかねない義清に対し、義兼は南関東を押さえた頼朝に帰順してその軍事力を利用することで、同国における自己の権益を守ろうとしたと考えられるのである。

これまで義兼の頼朝への帰順は、頼朝との血縁関係の近さから説明されることが多かったが、もう一つの要因として足利荘の権益をめぐる義清との競合もあったのである。

前述したように、義清が義仲と合流した時期は、治承四年（一一八〇）十月半ばの義仲の上野国進出時に求められる。すると、義兼が頼朝に帰順した時期は、その情報が京に届いたのちのこととなろう。義兼が、義清と義仲との合流をいつ把握したかは明らかにならないが、かりに十月下旬だとすると、義兼の鎌倉への参向時期は十一月上旬から半ばと推定され、頼朝が常陸国から鎌倉へ帰還した頃が妥当と判断される。

義兼が頼朝に対抗することなく帰順した背景には、足利荘の権益をめぐる義清との競合関係があったと考えられる。これに対して、新田義重は頼朝に対抗するという選択肢をとったのだが、その政治的背景とはいかなるものだったのだろうか。

義康と義重

ここまで義兼と義重を対比的に捉えてきたが、両者は世代が異なる点に注意したい。すなわち、義重は義兼の伯父（父義康の異母兄）にあたり、義兼からみると一世代前の人物になるのである。したがって、本来、義重と対比するべき人物は義康となる。

義重は義国の長子として、永久二年（一一一四）に京で誕生したが、成長すると上野国へ下向し、北関東における義国の荘園権益（政治・経済拠点）を維持するべく活動した。

図6　源義国・義重・義康関係系図（『尊卑分脈』より作成）

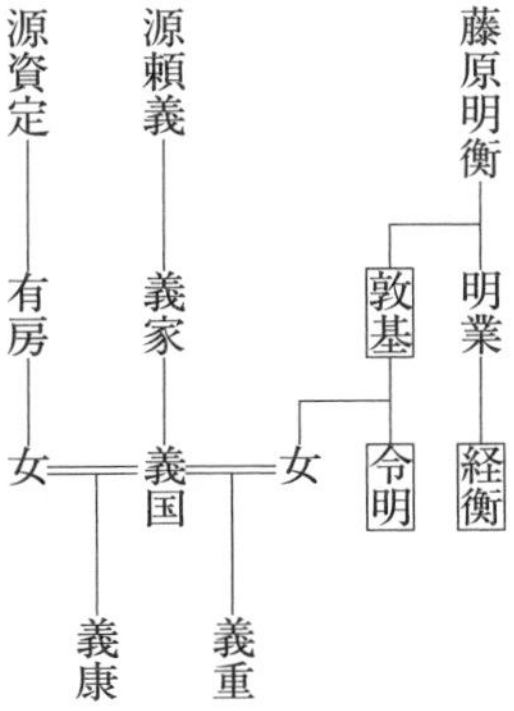

※□の人物は上野国司就任者を示す。

これに対して、天治二年（一一二五）頃に同じく京で誕生した義康は、義国と同じく鳥羽院の北面の武士に加わり、早くから京で活動した。この事実から、当初より義康が義国の後継者の立場にあったとみることもできるが、このような見方は妥当ではない。というのも、両者の母方の一族はともに京の中級貴族であり、外戚の地位に優劣はないからである。それにもかかわらず、義重が上野国へ下向したのは、その母方の一族の経歴に起因する。すなわち、義重の母方の一族は、外祖父の藤原敦基《あつもと》をはじめ上野国司（上野介《こうずけのすけ》）を次々と輩出した一族だったため、義重は彼らからの支援を期待できたがゆえに、上野国に送り込まれたのである。

このように義康は、必ずしも当初より義国の後継者として処遇されたわけではなかった。しかし、日常的に在京活動を行えたことで、義国の後継者の立場を固めるための実績を積む機会に恵まれた。たとえば、久安三年（一一四七）に鳥羽院が北面の武士を閲兵したさい、義康は義国の代官としてそこに参加している（『本朝世紀《ほんちようせいき》』）。このような機会はほかにもあったと思われ、これらを通じて義康は、周囲の人びとから義国の後継者と認識されるようになっていったとみられるのである。

保元元年（一一五六）に勃発した保元の乱は、義国の後継者という義康の立場を確固たるものにした。すなわち義康は、平清盛・源義朝に次ぐ兵力の百余騎を率いて後白河天皇陣営の主力を構成し、その勝利に貢献した。これにより義康は、恩賞として検非違使《けびいし》のまま蔵人となり、昇殿《しようでん》（内裏《だいり》清涼殿《せいりようでん》の殿上《てんじよう》の間に登ること）を許されるという栄誉を受けた。加えて、従五位下に叙され、義重に先行して貴族に列した（『兵範記《ひようはんき》』）。こうして義康は、官位において義重をはるかに凌駕し、義国の後継者の立場を確立したのである。

ところが、翌年五月、義康は早世してしまった。このとき義康は、三〇歳を少し過ぎた程度の年齢だったとみられ、義清・義兼らの子どもたちは幼少であり、義康が築いた有力在京武士としての地位を継承することができなかった。そのため、義重が代わって、義国の後継者に躍り出ることとなった。

すなわち、久安五～六年頃から在京活動を始めた義重は、仁平三年（一一五三）に四〇歳ではじめて官職（内舎人《うどねり》）に任じられ（『山槐記除目部類《じもくぶるい》』）、保元四年には大炊助《おおいのすけ》に任官した（『群書類従《ぐんしょるいじゅう》』第七輯』所収大間書《おおまがき》）。大炊助任官時の義重の位階は正六位上だったことが確認できる。そして、それから九年後の仁安三年（一一六八）には従五位下に叙され、貴族に列するに至った（『兵範記』）。長く北関東で活動していた義重は官位に恵まれなかったが、在京活動の開始を契機に昇進を遂げ、ついに生前の義康に並ぶ位階を獲得して貴族となり、義国の後継者の立場を確保したのである。

義重と藤原忠雅

義重が在京活動を行い、そのなかで順調に昇進できたのは、彼を支援する人物がいたためだった。その人物とは、藤原忠雅《ただまさ》という貴族である。

忠雅は摂関家の傍流《ぼうりゅう》に出自を持ち、のちに太政大臣にまで昇進した人物である。前述したように、義重は大炊助に任官したが、これは後白河の女御《にょうご》藤原琮子《そうし》の御給《ごきゅう》（任官・加階《かかい》を請求できる権利）によるものだった。このことから、義重は琮子に仕えていたことが知られるが、忠雅は後白河の信任厚い近臣だったことを踏まえると、義重はその推挙を得て琮子に仕えるようになったとみられる。また、義重は近衛《このえ》天皇の中宮《ちゅうぐう》の九条院呈子《くじょういんていし》にも仕えていたが、これも忠雅の推挙があってのことだろう。すなわち、呈子は関白藤原忠通《ただみち》の養女だったが、忠雅は娘を忠通の子基房《もとふさ》に嫁がせるなど、摂関家と親しく交流していた。したがって、義重が呈子に仕えるようになったのも、養父の忠通と親しい忠雅の推挙を得たことによるものと考えられるのである。

このように義重は、忠雅の支援を受けて在京活動を行っていた様子がうかがえるのだが、忠雅との出会いをつくった人物が、大和源氏の源親弘《ちかひろ》と考えられる（須藤聡、二〇一二）。すなわち、義重は在京活動を始めてまもなくした頃、親弘の娘（あるいは孫娘）と結婚した（「長楽寺系図《ちょうらくじけいず》」）。義重の妻となった親弘の娘の姉妹（義重の妻が親弘の孫娘の場合は伯叔母）には、後白河の子の二条《にじょう》天皇に仕えた伊予内侍《いよのないし》という女性がおり、彼女は藤原保説《やすとき》の養女になっていた（『山槐記』応保元年〈一一六一〉十二月十七日条）。保説は、鳥羽の最有力の近臣として権勢を振るった藤原家成《いえなり》の弟であり、姉妹には忠雅の母がいた。このように義重の妻方のネットワークには、中央政界の有力者が連なっていたのだが、そのなかの一人に忠雅がいたのである。おそらく義重は、姻戚となった親弘を介して、忠雅と面識を持ったに違いない。そして、久寿元年（一一五四）と目される新田荘の立荘《りっしょう》（荘園の設立）にさいし、義重は上野国新田郡の西南部に形成していた開発私領を忠雅に寄進している（「正木文書《まさきもんじょ》」）。これを契機に両者の関係は深まり、義重は忠雅から支援を受けられる

図7　新田義重・藤原忠雅関係系図（須藤聡、二〇一二より作成）

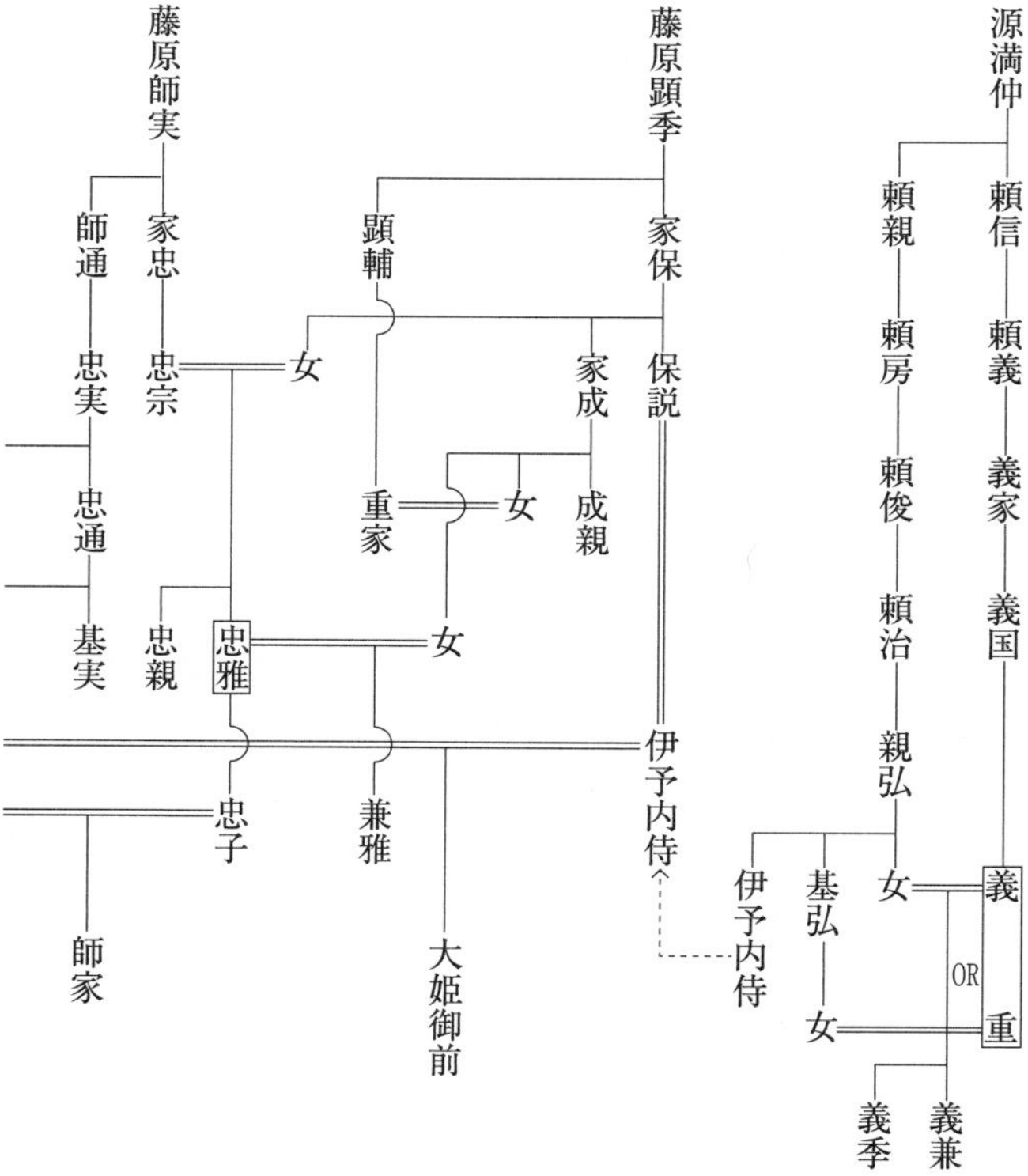

頼長
基房＝
兼実
九条院呈子

ようになったのだろう。

義重は、親弘の娘との婚姻を機に、藤原忠雅という中央政界の有力者と深く結びつくことに成功し、その支援を受けて在京活動を行った。前述したように、東国で反乱が起こると、義重は平宗盛の命令を受けて上野国へ下向したが、東国の情勢を忠雅にも報告しており（『山槐記』）、このことからも両者の結びつきの深さがうかがえる。忠雅は平清盛の娘を子の兼雅《かねまさ》の妻に迎えており、平家とも親しく交流していた。この事実を踏まえると、義重が平家の家人になったのも、忠雅の推挙によるものと考えられる。

仁安年間（一一六六〜六九）に義重は、藤姓足利氏に代わって、平重盛から「足利庄領《りよう》主職《しゆしき》」を与えられた（『鏡』）。当時の義重は、在京活動を行ういっぽう、新田荘の立荘をはじめとして上野国への在地関与を深めつつあったため、同国を勢力基盤とした藤姓足利氏と競合関係にあった。このことを踏まえると、義重は重盛に働きかけて、足利荘における藤姓足利氏の権益の奪取を図ったものと考えられる。足利荘における藤姓足利氏の権益は、義康・義兼の権益よりも下位の権益だったが、義重はこれを奪取することで足利荘にも進出しようとしたのだろう。結局、藤姓足利氏の訴えによりこの義重の目論見は失敗したが、義重は平家にも仕えることで在京活動の基盤を固めるとともに、北関東における自身の荘園権益の拡大を試みたのである。

以上のように義重は、忠雅の支援を受けて京の中央政界で活動し、順調に昇進を遂げて義国の後継者の立場を確保した。その間、平家の家人にもなることで、北関東における荘園権益の拡大を図った。このようにみると、義重には頼朝に帰順する必要性が見当たらない。義重の頼朝への対抗は、必然的な選択だったのである。

3　御家人としての歩み

足利義兼の活躍

源頼朝の挙兵時、足利義兼と新田義重を取り巻いた政治環境と彼らの置かれた立場はおおよそ対照的なものだったことが確認できたと思われる。これが、頼朝の挙兵に対する両者の対応の差異となり、ひいては足利氏と新田氏の格差のはじまりともなったのである。それでは、頼朝に帰順したのちの義兼と義重の動向からその具体的な様子をみていくことにしたいが、まずは義兼の動向からみてみよう（小谷俊彦、一九七七ａ）。

頼朝に帰順した義兼は、多くの軍事的奉仕を重ねていった。まず、養和元年（一一八一）十一月、結果的に取り止めになったものの、平家の再襲来に備えて、義兼は源義経《よしつね》らとともに遠江国へ出陣を命じられた。次いで、元暦元年（一一八四）五月、頼朝に殺害された源義仲の子義高《よしたか》の残党が甲斐・信濃国で蜂起したため、義兼は小笠原長清《おがさわらながきよ》とともに甲斐国に出陣し鎮圧にあたった。そして、この任務が終わるとすぐに平家の追討を命じられ、義兼は源範頼《のりより》に属して西国へ出陣した。義兼はこの平家追

図8　足利義兼像（鑁阿寺所蔵）

討戦で軍功を挙げ、翌年八月に頼朝の知行国の一つだった上総国の国司（上総介《かずさのすけ》）に任命されている。さらに、文治五年（一一八九）七月、頼朝が平泉《ひらいずみ》藤原氏の追討に出陣すると、義兼はこれにしたがって陸奥国へ出陣し、藤原泰衡《やすひら》の後見人の一人だった熊野別当《くまのべっとう》を捕らえるなどの軍功を挙げた。また、翌年正月に平泉藤原氏の遺臣の大河兼任《おおがかねとう》が出羽国で蜂起すると、義兼は追討使に任じられてこれを鎮圧した。

このように頼朝に帰順した義兼は、頼朝が遂行した戦争のすべてに参加し、軍事的奉仕を重ねたことが知られる。前述したように、本来、義兼は頼朝と対等の関係にあったことを踏まえると、頼朝は義兼に軍事的奉仕を求め続けることで主従関係の構築を図ったと理解できる。いっぽう、義兼はこの頼朝の意図を受け入れて、軍功を挙げた。その結果、義兼は上総介の官職を手に入れたのだが、軍功による国司への任命は源氏一門の六名のみに認められたものだった。つまり義兼は、頼朝に対する軍事的奉仕が評価されて、頼朝を支える源氏一門の一人と認められたのである。

こうした義兼の立場は、建久五年（一一九四）十一月十三日に挙行された、鶴岡八幡宮《つるがおかはちまんぐう》における一切経《いっさいきょう》と両界曼荼羅《りょうかいまんだら》の供養会《くようえ》からも確認できる（「鶴岡八幡宮文書」）。この日、義兼は「施主」となって鶴岡八幡宮で一切経と両界曼荼羅の供養を行ったが、そこには

「武蔵守《むさしのかみ》・伊豆守《いずのかみ》以下の門葉《もんよう》数輩同じく列座」したという。武蔵守とは大内義信《おおうちよしのぶ》、伊豆守とは山名義範《よしのり》を指すが、彼らは頼朝の側近の「門葉」（源氏一門）である。したがって、この法会は頼朝を支える源氏一門によって準備・挙行されたものと考えられ、ここからも義兼はその一人だったことが確認できるのである。また、義兼は「施主」を務めたことに着目すると、彼が一切経と両界曼荼羅を用意した様子がうかがえるが、実際、一切経は義兼が妻とともに前年の三月から書写したもの、両界曼荼羅は義兼が書いたものだった（『鶴《つるが》岡八幡宮寺諸職次第《おかはちまんぐうじしょしきしだい》』所収八幡宮両界壇所供僧職《りょうかいだんしょくそうしき》）。このように義兼は、この法会の指導的立場にあったわけだが、この事実は、義兼がこの法会に参加した頼朝を支える源氏一門の中心にいたことを表している。

この点に関連して、毎年元日、幕府では御家人が将軍に年始の祝意を表明する元日垸飯《おうばん》という儀式が行われたが、その沙汰人《さたにん》（責任者）は御家人の代表者と周囲から認知された者が務めた（桃崎有一郎、二〇一三）。義兼は、右の法会を挙行した翌年にはじめて元日垸飯の沙汰人を務めたが（『鏡』）、これは義兼が頼朝を支える源氏一門の中心にいたことと符合する事実と捉えられる。

ところで、一切経とは仏教経典を集大成した四〇〇〇巻とも六〇〇〇巻ともいわれる経

図9　鑁阿寺一切経堂

典セットのことであり、その入手は正統な仏教の系譜につながるという権威の表象ともなった。したがって、軍事的奉仕とともに一切経の入手も、義兼が源氏一門の中心と認められる重要な要素になったと考えられるが、義兼が入手（書写）した一切経は叔父（母の弟）の額田《ぬかだ》僧都《そうず》寛典《かんてん》が中国（宋《そう》）から入手していた唐本《からぼん》一切経だった（山本隆志、二〇一二）。すなわち、義兼は母方の人脈を活用して一切経を入手できたのであり、母方の人脈も義兼の活動を支える重要な基盤となっていたことが知られる。なお、寛典の一切経は、その後、義兼の本拠地である足利荘の樺崎寺《かばさきでら》を経て、同荘の鑁阿寺《ばんなじ》に納められた。

義重の隠退

頼朝への帰順後、義兼が軍事的奉仕を重ねていったのに対し、義重の行動はさえなかった。養和二年（一一八二）四月、江ノ島《えしま》（現神奈川県藤沢市）に勧請《かんじょう》した弁才天の供養法に臨席した頼朝に義重は供奉したが、これが義重の御家人としての活動を示す唯一の事例となった（『鏡』）。義兼と異なり頼朝に対抗する姿勢をみせた義重は、帰順後も頼朝との関係が改善しなかったようである。

しかし、そんな義重にも一度だけ「挽回のチャンス」が訪れたことがあった。すなわち、かつて義重は、頼朝の異母兄の源義平《よしひら》に娘を嫁がせたが、義平は平治の乱の敗戦で亡くなった。そのため、義重の娘は後室《こうしつ》となっていたが、頼朝はこの義重の娘を見初め、「艶書《えんしょ》」を送って気持ちを伝えたものの、受け入れてもらえなかった。そこで頼朝は、父の義重に自分を受け入れるよう命じたのだった。義重がこの頼朝の命令に応じて、娘を側室に差し出せば、頼朝との関係が改善する可能性は高かったように思われる。

ところが、この命令を受けた義重は、娘を「師（師＝毛呂《もろ》か）六郎」という人物に嫁がせてしまった。『鏡』は、この事態を義重が「御台所《みだいどころ》（北条政子《まさこ》）の御後聞《ごこうぶん》を憚《はばか》った」ためと説明するが、それまで頼朝とうまくいっていなかったことを想起すると、義重には応じる意思がなかったように思われる。当然のことながら、この義重の対応に頼朝は激怒し、

図10　世良田新田館跡と伝わる総持寺（現群馬県太田市）

義重は頼朝の勘気《かんき》を受けた。そしてこれ以降、義重の活動は途絶えることから、この一件を機に義重は鎌倉を去り、本拠地の新田荘へ隠退したとみられる。義重は帰順後も、頼朝への対抗心を失っていなかったのである。

義重の隠退から一一年後の建久四年（一一九三）四月、下野国の那須野《なすの》（現栃木県那須塩原市）と上野・信濃の国境に広がる三原野《みはらの》（現群馬県吾妻郡）で巻狩《まきがり》を行った頼朝は、その帰路、義重の「新田館《にったやかた》」を訪れ、その一帯を遊覧した（『鏡』）。この新田館は、新田荘世良田郷《せらたごう》（現同太田市）に構えられた義重の屋敷と考えられ、ここで頼朝は義重の歓待を受けたとみられる。

頼朝は、那須野の巻狩のさい、北関東の東山道沿いに本領を構えていた有力御家人の小山朝政《ともまさ》・宇都宮朝綱《うつのみやともつな》・八田知家《はったともいえ》に対し、それぞれ「千人の勢子《せこ》」を提供させた（『鏡』）。この命令は、これら有力御家人三名が頼朝に服属していることを世間に明示することを意図したものとみられるが、新田館の訪問も同様の意図にもとづくものと考えられる。すなわち、頼朝は新田館を訪ねて義重から歓待を受けることで、自身に刃向かう形で鎌倉を去った義重の動静を探るいっぽう、義重が変わらず服属していることを世間に明示しようとしたと考えられるのである。当然のことながら、義重はこの頼朝の意図を理解していたはずであり、頼朝を歓待して服属姿勢を示すとともに、自身の健在ぶりをもアピールしたことであろう。

義重が頼朝に対面したのは、これが最後となった。義重は、帰順後も「故陸奥守の嫡孫」の気概を持ち続け、最後まで頼朝の警戒対象であり続けた人物だった。建仁二年（一二〇二）正月、義重は八八歳で亡くなったが、その訃報に接した政子は、義重を「源氏の遺老・武家の要須《ようしゅ》」と評したという（『鏡』）。この政子の評価は、最後まで「故陸奥守の嫡孫」の気概を持ち続け、頼朝の警戒対象であり続けた義重の存在感を表したものと理解できる。

義重は頼朝の勘気を受けて隠退したが、これは義重が事実上失脚したことを意味する。したがって、これにより幕府における新田氏の政治的地位は足利氏に著しく遅れをとることになり、両者の政治的地位の格差は決定的に広がることになった。しかし、ここで注意すべきは、新田氏のすべてが足利氏に遅れをとったわけではなかったという事実である。

新田義兼の戦略

すなわち、義重の長子義俊《よしとし》にはじまる里見氏は、義俊の子の義成《よしなり》が頼朝の寵臣として活躍した（須藤聡、二〇一〇）。そのため、建久四年（一一九三）五月、駿河国富士野《ふじの》（現静岡県富士宮市）での巻狩において曽我《そが》兄弟の敵討ちが起きたさいには、義成は足利義兼とともに「然《しか》るべき人々十余人の輩《ともがら》」の一人として頼朝が曽我時致《ときむね》を尋問する場に列しており（『鏡』）、その政治的地位の高さがうかがえる。また、山名氏の祖となった義重の次子義範は、平家の追討戦で軍功を挙げ、義兼とともに「平氏追討源氏受領六人」の一人に選ばれて、伊豆国の国司（伊豆守）に任命されている（『尊卑分脈』）。そして、義範もまた、右にみた時致の尋問の場に列したが、その座次は北条時政に次ぐものであり、義兼よりも上位にあった。したがって、義範の政治的地位は、足利氏に匹敵するものだったことが知られよう。

このように新田氏のなかでも里見氏と山名氏は、決して足利氏に遅れをとったわけではなかったことが確認できるのである。これは、義重と対照的に、義成と義範がいち早く頼朝にしたがったためと考えられる。したがって、新田氏のなかで政治的地位を低迷させたのは頼朝に敵対した義重、すなわち新田本宗家だったのであり、それゆえ隠退した義重に代わってこれを継承した嫡子の新田義兼は、一族の義成と義範に対する遅れをとり戻すべく、その政治的地位の上昇を大きな課題に背負ったとみられる。この点に関して、『鏡』をみると、義兼は頼朝の行列の供奉人・随兵として多く確認できる。このことから、義兼は幕府の公式行事に積極的に参加し、頼朝に熱心に奉仕したことが知られるが、これは頼朝の信頼を得て政治的地位を上昇させるための努力と理解できよう。そして、義兼はさらに、もう一つの手段を講じた。それが、従兄弟でもある足利義兼との提携だった。

前述したように、足利義兼は頼朝を支える源氏一門の中心にあり、御家人の代表者とも認知された。このように御家人集団の最上位層に位置づいた足利義兼に対し、新田義兼は娘をその子義純《よしずみ》に嫁がせ、婚姻関係を結んだのである。これにより新田義兼は、足利義兼と提携したわけだが、その目的は、頼朝の信任厚い有力御家人の足利義兼から支援を受けることで、幕府内での新田本宗家の立場を安定させ、政治的地位上昇の足場を固めることにあったと考えられよう。ちなみに、新田義兼の娘と足利義純との間に生まれた人物が、岩松《いわまつ》氏の祖となった時兼《ときかね》である。

新田義兼は、頼朝（幕府）への積極的な奉仕と足利義兼との提携に、新田本宗家の活路を見出そうとした。この時点で、足利氏と新田本宗家の格差は歴然としつつあったが、足利氏はこれ以降、その政治的地位をさらに上昇させていった。次にその様子をみてみよう。

北条氏とともに

建久六年（一一九五）三月、頼朝は再建された東大寺《とうだいじ》（現奈良市）の供養会に臨席するために上洛し、足利義兼はこれに供奉した。『尊卑分脈』によると、同月二十三日に東大寺において義兼は出家したとみえるが、五月の頼朝の四天王寺《してんのうじ》（現大阪市天王寺区）参詣に義兼が供奉したことが確認できるので（『鏡』）、信じがたい。しかし、これ以降、義兼は史料上から姿を消す。したがって、義兼は頼朝の四天王寺参詣に供奉したのち、出家して隠退したと考えられる。

この義兼の出家に関して、南北朝時代の史料になるが、今川了俊《いまがわりょうしゅん》が記した『難太平記《なんたいへいき》』には、義兼は「とくに頼朝公と親しくなさっていたので、世間を憚って空物狂《そらものぐるい》になり、一代のうちは無事にお過ごしになられた」とみえる。この上洛の直前の時期には、範頼や安田義定《やすだよしさだ》・義資《よしすけ》父子といった源氏一門の人びとが頼朝に粛清《しゅくせい》されていたことを踏まえると、源氏一門の中心にあって頼朝を支えていた義兼は、あまりに頼朝に近侍《きんじ》しすぎたために身の危険を察し、狂人を装って出家したものと考えられよう。そして、それから四年後の正月十三日、頼朝が死没すると、そのおよそ二ヵ月後の三月八日、義兼も頼朝の跡を追うように四六歳の生涯を閉じたのだった。

義兼の出家にともない、嫡子の義氏が足利氏嫡流家（足利本宗家）の当主となったが、当時の義氏はわずか七歳だった。幼い当主を擁した足利氏は、外戚の北条氏を最大の頼りにしたと考えられる。周知の通り、北条氏は鎌倉殿（将軍）の外戚でもあり、建仁三年（一二〇三）に一二歳の源実朝《さねとも》が将軍に就任すると、外祖父の北条時政は後見人として幕府の財政および訴訟を管轄した政所の別当《べっとう》（長官）となった。幼い当主を擁して不安定な足利氏にとって、権勢を増しつつあった外戚の北条氏はもっとも頼りにするべき相手であり、北条氏と歩調を合わせることは必然的な成り行きだったといえよう。

元久二年（一二〇五）六月、武蔵国最大の武士団である秩父平氏の族長として、同国の惣追捕使《そうついぶし》（軍事警察を管掌する国衙の役職）でもあった畠山重忠《はたけやましげただ》が、謀叛の嫌疑をかけられて滅ぼされるという事件が起きた。この背景には、武蔵国への関与を強めつつあった時政との対立があった（清水亮、二〇一八）。一七歳になっていた義氏は、時政が重忠の追討に派遣した軍勢に加わったが（『鏡』）、このことから北条氏と歩調を合わせて行動することが足利氏の政治指針となっていた様子が確認できる。ちなみに、これが義氏の史料上の初見となる。

ところが、重忠の追討には充分な正当性がなかったようであり、これを主導した時政は、まもなく子の政子と義時《よしとき》によって失脚に追い込まれた。これを受けて、義氏の異母兄の義純が重忠の後室（時政の娘＝政子・義時の妹）と結婚することで、畠山氏を復活（名誉回復）させる措置が講じられることになった。前述したように、すでに義純は新田義兼の娘と結婚していたため、これは政子・義時からの提案を受けた義氏が義純を説得することで実現したものと考えられる。畠山氏の復活措置は、義氏と新たに北条氏を率いることになった義時とが連携する契機になったとみられるのである。なお、義純と重忠の後室との間に生まれた泰国《やすくに》によって、畠山氏は源姓畠山氏として復活することになる。

重忠の滅亡から八年後の建保元年（一二一三）五月、幕府の侍所《さむらいどころ》（御家人を統率する機関）の別当を務めていた和田義盛《わだよしもり》が鎌倉で挙兵し、いわゆる和田合戦が勃発した。和田勢は将軍御所へ押し寄せたが、義氏は北条泰時《やすとき》・朝時《ともとき》兄弟（ともに義時の子）とともに防戦し、勇将朝比奈義秀《あさひなよしひで》との一騎討ちを演じるなどの活躍をみせた（『鏡』）。三日間におよぶ激戦の末に勝利を収めた義氏は、この合戦を通して北条氏との一蓮托生《いちれんたくしょう》の思いを強くしたに違いない。すなわち和田合戦は、北条氏との連携という足利氏の政治指針を決定づけたと考えられるのである。

この点に関連して、鑁阿寺では毎月一日に千遍陀羅尼経《せんぺんだらにきょう》が読誦《どくしょう》されたが、これは和田合戦のさいに義氏の祈禱のために読誦されたのがはじまりであり、以後「佳例《かれい》」として読誦された（「鑁阿寺文書」）。このことは、和田合戦が足利氏の繁栄の起点になった出来事と認識されたことを示している。それは北条氏との政治的連携に支えられたものだったのである。なお、時政に代わって政所の別当になっていた義時は、和田合戦に勝利したことで侍所の別当も兼ねることになり、その地位は執権《しっけん》と呼ばれるようになった。

足利氏と三河国

和田合戦後、義氏は泰時の娘を妻に迎え、北条氏との政治的連携を支える血縁関係を深めた。建保五年（一二一七）、義氏は北条時房《ときふさ》（義時の弟）に代わって武蔵国の国司（武蔵守）に就任した（臼井信義、一九六九・小谷俊彦、一九七七a・佐藤雄基、二〇一〇・前田治幸、二〇一〇a）。義氏は幕府の後背地である武蔵国の統治を任されたのであり、義時の信任を得た様子がうかがえるが、このことを背景に義氏は幕府の中枢に参画していく。

承久元年（一二一九）正月に実朝が暗殺されたことを受けて、七月に摂関家の藤原頼経《よりつね》がその後嗣《こうし》として鎌倉に迎えられたが、鎌倉では大火が起こるなどの災異が続き不穏な空気が収束せずにいた。こうしたなか、義氏は義時・時房とともに大江広元《おおえのひろもと》の邸宅に参会し、小弓会《こゆみえ》を催した（『鏡』）。義時・時房・広元は、いずれも幕府の中枢を担う人びとだったことから、これは世上動揺の鎮静を議すべく小弓会を名目に集まった幕府中枢部による政治的会談と目されており（彦由三枝子、一九七四）、義氏もその一員に加わった点が注目される。また、承久の乱の勃発にさいしては、義時・政子のもとに集まった御家人たちについて、『鏡』は「相州《そうしゅう》（時房）・武州《ぶしゅう》（泰時）・前大官令禅門《さきのだいかんれいぜんもん》（広元）・前武州（義氏）以下群集」と記しており、ここからも義氏が幕府中枢に連なっていた様子が確認できる。

さて、承久の乱では、義氏は時房・泰時・北条時氏《ときうじ》（泰時の嫡子）・三浦義村《よしむら》・千葉胤《たね》綱《つな》とともに東海道大将軍を務め、京都へ進撃して軍功を挙げた。義氏はその恩賞として、三河国額田郡《ぬかたぐん》（現愛知県岡崎市の大部分および豊田市の一部と幸田町）・碧海荘《あおみのしょう》（現同豊田市南部から岡崎市西南部）・吉良荘《きらのしょう》（現同西尾市）の地頭職《じとうしき》を獲得した。そして、暦仁元年（一二三八）頃には、同国の守護職を獲得した（木下竜馬、二〇一九・渡邊正男、二〇一九）。ここで注目されるのが、三河国守護職の獲得である。というのも、三河国の知行国主は、承久の乱の主謀者となった後鳥羽《ごとば》上皇の生母七条院《しちじょういん》であり、そのため同国では乱の折には朝廷方に与した武士も現れた。乱後、朝廷方に与した武士の所領は幕府に没収されたが、七条院は知行国主の地位を追われることはなかった。このことから、朝廷の影響力がいぜんとして残る三河国を幕府が押さえるべく、その中枢の一員となっていた義氏が守護に抜擢されたと考えられ（松島周一、二〇一六）、北条氏（義時）の義氏に対する期待の大きさがうかがえるからである。また、三河国は、幕府固有の特殊権限がおよぶ信濃・遠江以東一五ヵ国の「東国」に接する「国境」の国である点に着目すると、義氏の三河国守護への就任は、承久の乱後、足利氏が「国境」警固の役割を担うようになったことを示すものとしても理解できる。これは、義氏が幕府の中枢に参画したことにより、相応の義務を負ったことを示す事実として捉えられよう。

三河国守護職は義氏以降の足利本宗家に相伝されたことから、この役割は足利本宗家の「家職」になったともいえる。義氏の子や孫の世代には、三河国内の所領を譲与されて分出した者が多い。また、次章で述べるように、足利本宗家も額田郡を「第二の本領」と認識したが、これらの事実は、足利本宗家が「国境」警固の役割＝「家職」を果たすべく、三河国に強固な基盤をつくろうとした動きと理解できる。

新田尼の焦燥

元仁元年（一二二四）六月、義時が亡くなると、西国御家人と朝廷の監視のために新設された六波羅探題《ろくはらたんだい》の長官（北方《きたかた》と南方《みなみかた》の二人制）として、承久の乱後も京に駐留していた泰時と時房は鎌倉に戻った。鎌倉では、義時の後室の伊賀《いが》氏が兄弟の光宗《みつむね》らと謀って、実子の北条政村《まさむら》を義時の後継者に据えようと画策していたが、政子がこの動きを抑えたことで、泰時は正式に義時の後継者となって執権に就任した。この間、泰時の娘聟だった義氏は、当然のことながら泰時と行動をともにしており、泰時の支持固めに尽力したとみられる。右の事件後、義氏は義時の遺領である「美作国新野保《にいののほ》以下数ヶ所」を「新恩」として拝領し（『鏡』）、さらに義時が保持していた美作国守護職に任命されたが（中野栄夫、一九九〇・吉井功兒、二〇〇〇・木下竜馬、二〇一九・渡邊正男、二〇一九）、これらはそのことに対する見返りだろう（美作国守護職はのちに北条氏へ返還された）。こうして義氏は、執権泰時の有力与党として幕府に重きをなすに至ったのである。なお、義氏は義時の遺領配分を受けたことから、「准北条氏一門」として処遇されていたとみる見解もある（花田卓司、二〇二〇）。

さて、一方の新田本宗家だが、建保三年（一二一五）三月に新田義兼の後室（新田尼）は、夫義兼の譲状《ゆずりじょう》により、幕府から新田荘内岩松・下今井《しもいまい》・田中《たなか》三ヵ郷の地頭職に任命された

(「正木文書」)。このことから義兼は、おそらくこれより少し前に亡くなったと推測される。義兼には義房《よしふさ》という嫡子がいたが、系図以外の史料でその姿を確認できない。「長楽寺系図」と「新田岩松系図」には、「親に先んじ死去す」とあり、義兼よりも早く亡くなったようである。

系図をみると、義房の嫡子は政義《まさよし》と確認できる。政義の史料上の初見は『鏡』嘉禎三年(一二三七)四月十九日条であることから、義兼死去時の政義は幼少で幕府に出仕することができなかったと考えられる。実際、承久の乱では幕府軍のなかに新田本宗家の人物を確認できないが、これは政義が幼少だったため参陣できなかったことを示しているのだろう。新田本宗家は、義房の早世により、幕府への積極的な奉仕をすることができなくなったのである。加えて、前述したように、義兼の娘が嫁いでいた義純が重忠の後室と再婚したことで、足利本宗家との提携関係が解消されていた。新田本宗家の政治的地位の上昇へ向けた義兼の戦略は暗礁に乗り上げていたのである。

このように、義兼死去時の新田本宗家の前途は多難だったことは間違いなく、これを事実上率いることになった新田尼の焦燥《しょうそう》は想像に難くない。したがって、新田尼は現状を打開するための方策を講じる必要性に迫られたはずだが、このことを考えるうえで注目されるのが、政義が義氏の娘と結婚し、嫡子政氏《まさうじ》をもうけたという事実である（『尊卑分脈』）。すなわち、新田本宗家は足利本宗家と新たな婚姻関係を結んだことが知られるのだが、右にみたように義氏は北条氏との政治的連携のもと幕府中枢の一員に連なる立場にあったことを踏まえると、この婚姻は権勢を増す足利本宗家を頼ることで新田本宗家の現状を打開しようとした、新田尼が講じた方策だったと考えられよう。新田尼は、早くに父と祖父を亡くしたことで、しかるべき後見人を持たない孫の政義、ひいては新田本宗家の行く末を案じ、幕府中枢に加わる同族の義氏を後見人として頼み、この婚姻を成立させたのだろう。

新田尼が新田本宗家の現状の打開策として成立させた婚姻関係だったが、現実は新田尼の期待通りには進まなかった。章を改めて、その様相をみていくことにしよう。

二　広がる格差

1 義国流清和源氏の「足利一門」化

義氏と政義　新田政義は、足利義氏の娘と結婚した。この婚姻は、早くに父と祖父を亡くしたことで、しかるべき後見人を持たない孫の政義の行く末を案じた新田尼が、権勢を増す同族の義氏を後見人として頼み、成立したものと考えられる。新田尼としては、わらにもすがる気持ちで義氏を頼ったと思われる。

この婚姻により、政義は義氏が主宰する行事に参加するようになったことが知られる。政義の史料上の初見となる『鏡』嘉禎三年（一二三七）四月十九日条の記事は、その様子を次のように伝えている。

お帰りのついでに、左馬頭《さまのかみ》義氏朝臣《あそん》の家に入られ、御遊興を尽くされた。(中略)その後、御引出物《おんひきでもの》があった。

役人
御剣《おんつるぎ》　丹後守泰氏
御調度《おんちょうど》　足利五郎(長氏)
御甲《おんよろい》　駿河四郎左衛門尉(三浦家村)　同五郎左衛門尉(三浦資村)
南廷《なんてい》　壱岐守(三浦光村)
一御馬《いちのおんうま》　鴾毛《つきげ》。鞍《くら》を置いた。　畠山三郎(泰国)　日記五郎
二御馬《にのおんうま》　黒毛　新田太郎(政義)　太平太郎

この日、将軍藤原頼経は、大倉新御堂《おおくらしんみどう》の上棟式《じょうとうしき》に臨席したが、その帰途、義氏の屋敷に立ち寄って歓待を受けた。ここで政義は、引出物として将軍に献上する馬の引馬役《ひきうまやく》として現れる。贈答する馬を引くという行為は、贈答者(この場合は義氏)の子弟などの一族、あるいはその麾下の者が行うことが多かったが、政義もその一員に加わり、この行事に参加したのである。

仁治二年（一二四一）正月二日の垸飯では、義氏が沙汰人を務めたが、ここでも政義は将軍に献上する馬の引馬役を務めたことが確認できる（『鏡』）。このように政義は、義氏が主宰する行事に参加したことが知られるのだが、これは舅と聟という両者の関係にもとづくものと思われる。すなわち、中世社会における親族関係のなかで、聟は直系親・兄弟姉妹に次ぐ重要かつ密接な関係を持つ存在だった（高橋秀樹、一九九六）。こうした舅―聟という特別な親族関係に規定されて、政義は義氏の主宰する行事に参加したとみられるのである。

そして、ここで注意すべきは、舅と聟は密接な関係を持つとはいえ、聟は舅の家に取り込まれる存在ではなく、もっとも身近な親類の要として連帯関係を持つ対等な存在だったという事実である。この事実を踏まえると、政義は義氏の一族や被官などとともにその主宰する行事に参加したものの、それは政義が義氏の家（足利本宗家）の一員であることを意味しないことになる。政義は、あくまでも新田本宗家の人間として義氏と対等な関係にあり、舅の主宰する行事に聟として参加したままだったのである。

政義の失脚

しかしながら、幕府中枢に重きを成す義氏の権勢と、そうした義氏を後見人として頼んだ政義の置かれた状況とを踏まえると、両者の対等な関係とは理念的なものにすぎなかっただろう。義氏の方が上位にあり、政義を庇護したというのが両者の実際の関係だったと考えられるが、政義は義氏の庇護を十全に受けたわけではかったようである。

寛元二年（一二四四）六月十七日、京都大番役《きょうとだいばんやく》（内裏と院御所《いんごしょ》を警固する御家人役）のために在京していた政義は、「所労《しょろう》」と称し、六波羅探題や上野国守護の安達泰盛《やすもり》に理由を告げず、突然出家してしまった（『鏡』）。幕府の規定では、老年でも病気でもない者が無許可で出家した場合（これを自由出家という）、所領を没収することになっていた（鎌倉幕府追加法一六九条）。そのため政義は、この規定が適用されて所領没収の処分を受け、失脚してしまった。

政義が出家した理由は定かではない。しかし、室町期に作成されたと目される『新田実《にったみ》城応永記《じょうおうえいき》』という史料は、「政義様は一族の例として廷尉《ていい》になることをお望みになったが、幕府の許可を得られなかったため、突然仏門にお入りになられたそうだ」と、出家の理由を伝えている。廷尉とは、衛門尉《えもんのじょう》（衛門府の第三等官）の官職を持ちながら検非違使を兼ねることをいうので、衛門尉の官職を持っていた政義は、さらに検非違使を兼任することを望んだことになる。だが、『鏡』をみると、出家時の政義は「新田太郎」と表記されており、無官だったことがわかる。したがって、『新田実城応永記』が伝える出家理由は、そのまま鵜呑《うの》みにすることはできない。

しかし、無官だったがゆえに、政義が何かしらの官職に任官することを望んでいた可能性は充分に想定できる。『新田実城応永記』の記載をいかすならば、政義は衛門尉任官を望んでいたとも考えられよう。当時の幕府は、将軍の推挙によって成功《じょうごう》（私財を朝廷に寄付して官位を授けられること）の対象とされた官職のみに御家人の任官を認めていたが（鎌倉幕府追加法九六条）、衛門尉はそうした官職の一つだった。したがって、無官だった政義は成功による衛門尉任官を望み、将軍の推挙を申請していた可能性は高いように思われる。

右の推測が妥当だとすると、政義は衛門尉任官の将軍推挙の申請を幕府から却下されたことに絶望したことになるが、これは具体的にどのような事態を想定できるだろうか。このことを考えるうえで想起されるのが、義氏の存在である。すなわち、政義は幕府中枢に加わる義氏を後見人としていたことで、衛門尉任官の将軍推挙の申請に義氏の後援を期待したと考えられる。ところが、義氏の後援を得られず、それが却下されたことに政義は新田本宗家の前途を悲観し、衝動的に出家に走ったのではないか。

後世の史料をもとに、推測に推測を重ねた。結局のところ、政義の出家（失脚）の真相は不明といわざるをえない。だが、その背景には、政義が義氏の庇護を十全に受けたわけではなかった様相が垣間みえるのである。

「足利一門」を意識する新田本宗家

政義の失脚後、新田本宗家を継承したのは、政義と義氏の娘との間に生まれた政氏である。この政氏の名前は、政義の「政」字と足利本宗家の通字となった「氏」字で構成されており、足利本宗家の当主（義氏か泰氏《やすうじ》のどちらか）から偏諱《へんき》（名前の一字をもらうこと）を受けたものと見受けられる。偏諱を受けるということは、烏帽子《えぼし》親子関係（擬制的親子関係）を結ぶことを意味する。つまり、政氏は足利本宗家の当主を烏帽子親と仰いだわけだが、これにより政氏も足利本宗家の庇護を受けることになったのである。

系図をみると、政氏以降、新田本宗家は基氏《もとうじ》—朝氏《ともうじ》—義貞《よしさだ》と継承されたことが確認できる。注目すべきは、政氏から朝氏の三代が「氏」字を名乗っていることである。この特徴は、新田本宗家の当主だけでなく、政氏の代以降、本宗家から分出した人びとにも広くあてはまることが確認できる。しかし、これらのすべてが足利本宗家の当主からの偏諱とは考えにくい。というのも、後述するように義貞の父にあたる朝氏はのちに朝兼《ともかね》と改名しており、「氏」字を捨てているからである。この事実に着目すると、新田本宗家系の人びとは、政氏の偏諱を機に自発的に「氏」字を名乗るようになったと考えるのが妥当だろう。そしてこの「氏」字の共有は、新田本宗家が「足利一門」であることを意識するようになったことを表していると考えられるが、この点についてもう少し詳しく述べてみたい。

そもそも新田本宗家と足利本宗家は、義重と義康を祖とする別個の家であり、それぞれ嫡子によって継承された。しかしそのいっぽうで、両家は源義国を共通の祖とする父系的な同族集団（義国流清和源氏一門）でもあった。嫡子によって継承される家をいくつか内包した父系的な同族集団は、集団構成員中の最高官位者を首長（長者）としたが（高橋秀樹、一九九六）、義国流清和源氏一門の場合、頼朝の挙兵直前の段階では五位の位階を有した義重がその地位にあったことになる。ところがその後、義重は頼朝に敵対して逼塞《ひっそく》したのに対し、義康の子と孫にあたる義兼と義氏は頼朝・北条氏と連携して幕府中枢の一員に連なった。そして、義兼は上総介任官とともに五位に昇り、さらに義氏は武蔵守・陸奥守・左馬頭を歴任して嘉禎四年（一二三八）には従四位下（最終的に正四位下）にまで昇った（前田治幸、二〇一〇a）。これにより、義国流清和源氏一門の首長の地位は義重（新田本宗家）から義兼・義氏父子（足利本宗家）へ移ったとみられるが、この間、前述したように新田本宗家は足利本宗家の庇護下に置かれるようになった。こうした事態を受け、新田本宗家系の人びとは、義国流清和源氏一門を足利本宗家の当主を首長とする同族集団、すなわち「足利一門」と認識するようになり、自らをそのなかに位置づけようとした。これが、新田本宗家系の人びとによる「氏」字の自発的な名乗り（共有）、すなわち「足利一門」意識の表出の背景と考えられるのである。

このように考えると、義国流清和源氏一門が「足利一門」と認識されるようになったのは一三世紀半ばのことであり、それは頼朝挙兵後の新田本宗家の逼塞と足利本宗家の躍進という鎌倉幕府政治史の歴史的所産と捉えられる。したがって、義国流清和源氏一門というユニットを初発的に「足利一門」と把握する見解（谷口雄太、二〇一三）には、賛同できない。新田本宗家は基本的に義国流清和源氏一門なのであり、一三世紀半ばになってからそれを「足利一門」と認識するようになったのである。

「足利一門」意識の波及

足利本宗家の躍進を受けて、新田本宗家系以外の新田氏にも「足利一門」意識が波及したと考えられる。一三世紀半ば以降、新田氏のなかには「氏」字を名乗る者が多く現れるが、これはそのことを示すメルクマールになると思われるので、この点に着目しながらその様相を確認してみよう。

まずは、新田義兼の同母弟の義季《よしすえ》を祖とする世良田氏をみてみる。世良田氏では義季の嫡子の頼氏《よりうじ》がはじめて「氏」字を名乗り、さらにその子たちはいずれも「氏」字を名乗ったことが確認できる。頼氏は一三世紀半ばから後半にかけて活躍した人物なので、「足利一門」意識は当該期の世良田氏にも波及した様相がうかがえる（頼氏とその子たちは、足利本宗家当主から偏諱を受けた可能性も考えられる）。世良田氏の「足利一門」意識について考えるさい、足利本宗家との密接な関係が注目される。

すなわち頼氏は、政義と同じく義氏の娘を妻に迎える（『今川記《いまがわき》』）いっぽう、義氏以降、足利本宗家が守護職を世襲した三河国の国司（三河守《みかわのかみ》）に任官しているのである。『今川記』はその事情について、「義氏は武蔵守に任官し、そののち陸奥守を三年ほど務められ、やがて三河国をいただいて子孫に永代相伝したが、聟の頼氏へ一時譲ったので、頼氏は三河守に任官した」と伝えている。義氏は三河守に任官したことがないため、この記述は正確とはいいがたいが、頼氏は義氏の後援を得て三河守に任官できたことを伝えていると理解できる。頼氏が三河守であることが確認できる寛元二年（一二四四）時の三河国の知行国主は、これも義氏の娘を妻とした四条隆親《しじょうたかちか》という貴族だった可能性が高い（松島周一、二〇一六）。この点に着目すると、義氏は隆親に頼氏を三河守にするように求めたと考えられる。衛門尉任官の将軍推挙の申請に、義氏の後援を得られなかったと目される政義とは対照的であり、頼氏の方が義氏（足利本宗家）と深く結びついた様子がうかがえよう。
この点に関連して『鏡』をみると、頼氏は将軍の学問指南役《がくもんしなんやく》のほか、格子番《こうしばん》・廂番《ひさしばん》・昼《ひる》番《ばん》に加わってその護衛も務めており、将軍（五代藤原頼嗣《よりつぐ》・六代宗尊《むねたか》親王）の近臣として活躍したことが知られる。実は、足利本宗家も頼嗣以降、将軍近臣の役割を担うようになったため、頼氏と義氏の密接な関係は、こうした将軍近臣同士の結びつきにもとづくものとみられる。このように世良田氏は足利本宗家と密接に結びつくことで、「足利一門」意識を醸成・表出させたと考えられるのである。

次に、里見氏と山名氏をみてみよう。前章では、新田氏のなかでも里見氏と山名氏の政治的地位は、決して足利本宗家に遅れをとるものではなかったことを指摘した。すると、里見氏と山名氏には「足利一門」意識は波及しにくかったのではないかとも考えられる。実際、里見氏の場合、義成は頼朝期に御家人の首座にあった平賀《ひらが》氏との関係を深め、その後援によって五位で伊賀守の官位を得ており（須藤聡、二〇一〇）、自らを「足利一門」と意識していた様子は見当たらない。ところが、元久二年（一二〇五）に平賀朝雅《ともまさ》が将軍職を狙った陰謀が露見《ろけん》して討たれると、義成も連座して失脚してしまった。その後、義成の跡は義基《よしもと》—氏義《うじよし》と継承されたが（『尊卑分脈』）、義成の孫の世代から「氏」字の名乗りが確認できる事実は興味深い。すなわち里見氏は、義成の失脚を契機に足利本宗家の後ろ盾を求めて自らを「足利一門」のなかに位置づける必要性を自覚し、その意識を醸成・表出させたと考えられるのである。

いっぽう山名氏は、自ら事件を起こしたり、あるいは事件に連座して失脚したという事実は確認できない。そのためであろうか、山名氏のなかから「氏」字を名乗る人物は、一三世紀末から一四世紀前半に活動した政氏《まさうじ》まで現れない。山名氏には一三世紀末に「足利一門」意識が波及したとみられるわけだが、その要因は山名氏の政治的地位の低下に求められる。すなわち山名氏は、北条氏や足利本宗家などの幕府中枢に連なる有力御家人と提携しなかったためか、五位の位階と伊豆守の官職を有した義範の高い政治的地位が子孫に継承されなかった。その結果、一三世紀後半に山名氏は上野国の一般御家人として史料上に現れ、その政治的地位を著しく低下させた様子が確認できる（六条八幡宮造営注文）。こうした事態に直面した山名氏は、里見氏と同様に足利本宗家の後ろ盾を求めて自らを「足利一門」のなかに位置づける必要性を自覚し、その意識を醸成・表出させたと考えられよう。なお、政氏は足利本宗家の被官だった上杉《うえすぎ》氏の娘を妻に迎えたと伝わることに着目すると（『山名家譜《やまなかふ》』）、足利本宗家からは「同族待遇の被官」として処遇されたとみられる。

義氏の矜持

契機はさまざまであったが、一三世紀半ばから後半にかけて、「足利一門」意識は新田氏に広く波及した。このことは、足利本宗家が義国流清和源氏一門の首長の地位を確立したことを意味するが、これを基礎づけたのは北条氏の嫡流家である得宗家との徹底した提携関係だった。

仁治元年（一二四〇）正月、北条時房の死去により、幕府政所の別当は執権の北条泰時一人となった。この事態を受けて、翌年、義氏は安達義景《よしかげ》らとともにそこに加えられた。義景は、妹が泰時の嫡子時氏に嫁いで経時《つねとき》・時頼《ときより》を生んでおり、泰時を支える立場にいた。前章で述べたように、義氏は泰時の娘聟であり、かつ時氏の娘を嫡子泰氏の妻に迎えており、同様の立場にいた。すると、義氏の政所別当就任とは、得宗家の姻戚グループの一員として、義景とともに泰時の補佐役に抜擢されたことを意味すると理解できる。

泰時が仁治三年に没すると、孫の経時がその跡を継いで執権になったが、わずか四年後の寛元四年（一二四六）に亡くなってしまい、弟の時頼が執権になった。泰時の死後、得宗家は若い当主が続いたわけだが、義氏は姻戚として彼らを支えた。時頼の執権就任からまもない宝治元年（一二四七）六月、いわゆる宝治合戦と呼ばれる北条氏と三浦氏との武力衝突が勃発すると、義氏は北条氏側に与して三浦氏を滅ぼしている。これにより義氏は、

図11　北条氏・足利氏・安達氏関係系図（『尊卑分脈』より作成）

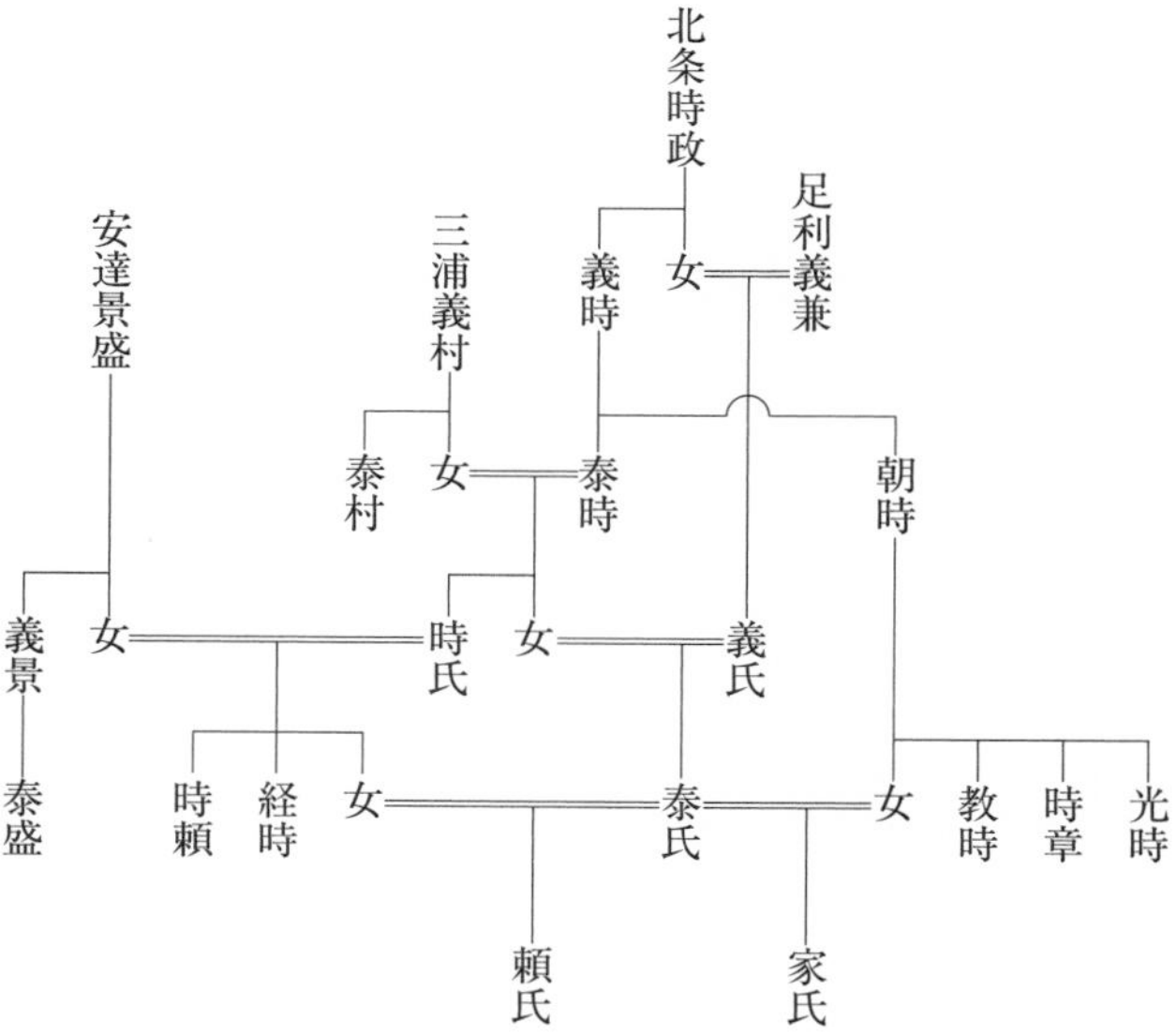

宝治合戦に連座して滅亡した千葉（上総）秀胤《ひでたね》の遺領を恩賞として与えられ、上総国の守護も兼ねることになった。『徒然草《つれづれぐさ》』第二一六段には、鶴岡八幡宮への参詣の帰りに義氏の屋敷を不意に訪れた時頼を、義氏はありあわせの肴《さかな》を用意して夫婦でもてなし、さらに時頼から「足利の染物」をねだられると、三〇疋《ぴき》の染物を用意し、時頼のみている前で女房たちに小《こ》袖《そで》に仕立てさせて献上したというエピソードがつづられている。得宗家の若き当主である時頼と義氏との親密な関係を示すとともに、

得宗家との提携を何よりも重視した義氏の政治姿勢をよく物語るエピソードといえよう。

また、次のエピソードも晩年の義氏の姿をよく伝えており、興味深い(『鏡』宝治二年閏十二月二十八日条)。すなわち、義氏は結城朝光《ゆうきともみつ》に書状を送ったところ、その返事として、朝光からまったく対等な返書が届けられた。これに激怒した義氏は、幕府に対し次のように訴えたのだった。

わたしは頼朝公のご一族であるのに対し、朝光は頼朝公に仕えていただけの者ではないか。互いにまだ子や孫の世代になっているわけでもないのに、あっという間に昔のことを忘れ、奇怪《きかい》な行為におよぶに至っては、何としても懲《こ》らしめてやらねばならない。

このとき義氏は六〇歳。得宗家との徹底した提携関係のもと幕府中枢に位置づき、かつ義国流清和源氏一門の首長にもなった晩年の義氏は、かなり強い自負心を抱いていた様子がうかがえる。しかし、これに対して朝光は、自身が頼朝の側近に加わっていたことを示す、頼朝の花押《かおう》が据えられた文書を幕府に提出し、義氏とは対等であると反論した。義氏

図12　足利義氏像（鑁阿寺所蔵）

の自負心は必ずしも周囲の御家人から理解を得られていたわけではなく、むしろこれを相対化する冷ややかな目線が存在したことに注目したい。

義氏の決断

建長三年（一二五一）十二月七日、義氏の嫡子泰氏が下総国埴生荘《はにゅうのしょう》（現千葉県成田市）で突然出家するという事件が起きた（『鏡』）。この事件の背景には、寛元四年（一二四六）に京へ送還された前将軍藤原頼経を呼び戻し、泰氏を執権に就任させるという、頼経とその父藤原道家《みちいえ》を黒幕とする宝治合戦で敗北した三浦・千葉氏の残党によるクーデター計画が存在したようであり、泰氏もこれに参画していたため、状況の不利をさとって出家したと考えられている（村井章介、二〇〇一）。

これにより埴生荘は没収され、泰氏は失脚した。しかし義氏は、建長四〜六年の正月三が日の垸飯儀式の沙汰人を執権の時頼と連署《れんしょ》（第二の執権）の北条重時《しげとき》（泰時の弟）とともに務めており、事件後も幕府中枢に存続したことが確認できる（『鏡』）。義氏は連座を免れ、その政治的地位には何ら変更が加えられなかったのである。このことから、義氏と泰氏との間には、得宗家との提携関係をめぐる深刻な対立が生じていた可能性が指摘されている（松島周一、二〇一六）。

幕府による泰氏の処分には、義氏も同意を与えていたとみるのが自然だろう。義氏は泰氏を切り捨てて得宗家との提携関係を堅持したわけだが、この義氏の決断は足利本宗家の後継者にも大きな影響を与えた。

すなわち、泰氏には家氏《いえうじ》という長男がいたが、寛元三年八月十五日、将軍藤原頼嗣が鶴岡八幡宮放生会《ほうじようえ》に臨席した際の随兵《ずいへい》として現れるのが史料上の初見であり（『鏡』）、このときまでに幕府に出仕していたことが確認できる。当時の家氏は、足利本宗家で後継者を意味する「三郎」を仮名《けみよう》に名乗っていたことからも、泰氏の後継者として処遇されていたとみられる（紺戸淳、一九七九）。ところが、泰氏が失脚した翌年の建長四年から家氏の仮名は「太郎」へ変わり、そしてこれに呼応するかのように「三郎利氏《としうじ》」が現れるのである。家氏は廃嫡され、代わって異母弟の利氏（のちの頼氏、以下これに統一）が足利本宗家の後継者に立てられた様子がうかがえるのだが、時期的にこの後継者の交替は泰氏の失脚が契機となったとみて間違いないだろう。

家氏の母は、名越朝時《なごえともとき》（泰時の弟）の娘だった。朝時は寛元三年に死没したため、嫡子の光時《みつとき》が跡を継いだが、時頼の執権就任直後に謀叛の嫌疑をかけられ、伊豆国へ流罪となった。光時は前将軍の頼経と結んで時頼に対抗しようとしたことがこの事件の背景になったようだが（村井章介、二〇〇一）、泰氏も光時と同じ轍《てつ》を踏んだことが明らかになった以上、時頼と対立した過去を持つ名越氏の血をひく家氏を足利本宗家の後継者に留めておくことは、時頼との関係悪化を招きかねない事態になったと考えられる。そこで義氏は、泰氏の処分に同意すると同時に家氏の廃嫡を断行したのだろう（松島周一、二〇一六）。頼氏の母は時頼の妹だったため、頼氏を新たに後継者に据えることで、義氏は時頼を支持する意思を改めて表明したとみられる。寛元・建長の政変と呼ばれる幕府の一連の政争に連動した足利本宗家の後継者の交替劇にも、得宗家との提携関係を重視した義氏の政治姿勢が反映されていたのである。

2 高氏・義貞登場前夜

足利本宗家を支えた兄たち

建長六年（一二五四）十一月二十一日、足利義氏は六六歳でこの世を去った（『鏡』）。得宗家との徹底した提携関係により幕府中枢に位置づき、かつ義国流清和源氏一門の首長の地位をも確保した義氏の活動期は、結果からみると鎌倉期の足利氏の黄金期となった。というのも、義氏の死を境にして、足利本宗家を中心とする足利氏はたび重なる苦難に見舞われていくからである。

義氏の死去により、足利本宗家は孫の頼氏に継承された。このとき頼氏は弱冠一五歳。しかし、若年ながらも、頼氏は康元元年（一二五六）に正月三日の垸飯儀式の沙汰人を務め（『鏡』）、その翌年には将軍御所の庇番および格子番に選ばれて将軍宗尊親王の側近として仕えるなど、足利本宗家当主としての役割を果たした。だが、弘長元年（一二六一）七月二十九日、翌月の鶴岡八幡宮放生会への将軍社参の供奉に対して、病気を理由に辞退したのを最後に史料上から姿を消す。頼氏は生来病弱だったのだろう、足利荘に建立された菩提寺《ぼだいじ》の吉祥寺《きつしようじ》の位牌によれば、翌年に亡くなったようである。まだ二三歳という若さだった（『尊卑分脈』）。

頼氏の早世を受けて、嫡子の家時《いえとき》が足利本宗家を継承した。頼氏の正妻は北条時盛《ときもり》（時房の子）の娘だったが（小谷俊彦、一九七七b）、彼女は子宝に恵まれなかったらしく、被官の上杉重房《しげふさ》の娘が生んだ家時が後継者になったのである。しかし、頼氏死去時の家時はわずか三歳だったため、本宗家当主として活動することは不可能だった。そこで家時の後見人となり、本宗家当主としての活動を代行したのが、家時の伯父でかつて泰氏の嫡子に立てられたこともある家氏だった（小川信、一九七一・一九七三）。弘長三年八月九日、幕府は将軍宗尊親王の上洛に備えて道中の供奉人などの交名《きょうみょう》（リスト）を定めたさい、家氏は水干《すいかん》を着る供奉人の上位一四名のなかで、連署北条政村《まさむら》・執権北条長時《ながとき》・大仏朝直《おさらぎともなお》・名越時章《ときあき》・金沢実時《かねさわさねとき》という北条一門の有力者五名に次いで記されているが（『鏡』）、これは本宗家当主の代行という家氏の立場をよく表している。

こうした立場に見合うように、家氏は五位で尾張守《おわりのかみ》という官位を得たが、本宗家当主を除く足利一門のなかには同様の官位を得た人物がほかにも確認できる。それは義氏の長男で、泰氏の異母兄にあたる長氏《ながうじ》である。長氏は五位で上総介の官位を得たようであり、家氏に匹敵する足利一門の有力者だった様子がうかがえる。このことから、泰氏の失脚により若い孫の頼氏や家氏に足利氏を託さざるをえなくなった義氏は、長氏を後見役に据えたとも指摘されている（松島周一、二〇一六）。

長氏も家氏も、それぞれ本宗家当主の兄に当たる。義氏の死後、本宗家は若い当主が続いたため、兄の長氏や家氏が後見役を担い、本宗家を支えたのだった。長氏や家氏の子孫は、当然のことながら足利氏の庶子家となったが、鎌倉期には本宗家と同様に「足利」を名字とする自立した御家人だった。やがて長氏の子孫は吉良《きら》氏となり、家氏の子孫は斯波《しば》氏と石橋《いしばし》氏にわかれていくが（以下、便宜上それぞれ吉良氏・斯波氏と呼称する）、いずれも室町期の武家社会のなかでは将軍家（足利本宗家）に次ぐ高い家格を誇ったことが知られている（谷口雄太、二〇一二）。これは、鎌倉期に本宗家を後見したという実績が一因になったものと考えられよう。

源氏将軍観の復活

文永五年（一二六八）正月、モンゴルから国書が到来すると、蒙古《もうこ》襲来《しゅうらい》の危機が現実味を帯び始めた。三月、幕府は一八歳になった得宗家の北条時宗《ときむね》（時頼の嫡子）を執権に据え、時宗を中心にこの危機に対処する態勢を整えた。

幕府はモンゴルの国書を黙殺する方針をとると、文永七年には朝廷に対して、七代将軍惟康《これやす》王（宗尊親王の嫡子）の源氏賜姓《しせい》を申請し、これを実現させた。ここに惟康王は源惟康となり、承久元年（一二一九）の三代将軍源実朝の横死以来、およそ半世紀ぶりに「源氏将軍」が復活した。惟康は、弘安二年（一二七九）に正二位に叙され、さらに同十年六月には右近衛大将《うこのえのたいしょう》に任官して源頼朝と同じ官位に就いたことを踏まえると、幕府は惟康を頼朝になぞらえようとしたことがうかがえる。すなわち、幕府は惟康を頼朝になぞらえてその正統な後継者に位置づけ、これにより御家人たちのなかに幕府を創成した頼朝の記憶を呼び起こしてその力を結集し、蒙古襲来の危機に対処しようとしたと考えられるのである（細川重男、二〇〇二）。

しかし、惟康は弘安十年十月に親王宣下《せんげ》を受けたことで、将軍はふたたび親王将軍に戻った。したがって、源氏将軍が復活した期間は一七年ほどになるが、これは決して短い時間ではなく、この間に将軍に対する認識に重大な変化が生じたと考えられる。すなわち、実朝の横死以降、将軍は源氏将軍ではない状態が長く続いたため、将軍の地位と源氏という出自との結びつきは希薄化しつつあった。ところが、頼朝になぞらえられた源氏将軍が一〇年以上も復活したことで、本来将軍には源氏の嫡流が任官していたという認識（「源氏将軍観」）が、御家人たちのなかによみがえってきたと考えられるのである（川合康、一九九五）。

すると、足利本宗家の立場は、とても微妙なものとならざるをえなかっただろう。なぜならば、頼朝に帰順して御家人に列した足利本宗家は源氏の嫡流とはみなされていなかったものの（川合康、一九九五・鈴木由美、二〇一八）、家時の代には幕府の家格秩序において得宗家に次ぐ家格を認められており（前田治幸、二〇一〇a）、源氏の系譜を引く御家人家の最上位に位置していたからである。足利本宗家は、いわば源氏嫡流にもっとも近い血筋とみなされる状況にあったわけだが、源氏将軍観の復活はこうした足利本宗家の存在を否が応でもクローズアップさせたのである。

佐介事件と家時

弘安七年（一二八四）四月、執権時宗が死没した。蒙古襲来の脅威を前に、時宗は自身への権力集中に邁進したことが明らかにされている（細川重男、二〇〇〇）。このような巨大な権力者が死去すると、これまで幕府ではその政治空白を突いて体制派と反対派との抗争が起きてきたが、それは今回も同様だった。

時宗の死没から二ヵ月後の六月二十日、六波羅探題の南方長官だった北条一門の佐《さ》介《すけ》時《とき》国《くに》が、「日来《ひごろ》の悪行」を理由に幕府から鎌倉下向を命じられ、十月に常陸国で誅殺《ちゅうさつ》された（『武家年代記《ぶけねんだいき》』）。また、時国の叔父の時光《ときみつ》も、八月頃に謀叛の疑いで捕縛《ほばく》され、佐渡国へ

図13　佐介氏・足利氏関係系図（熊谷隆之、二〇一三より作成）

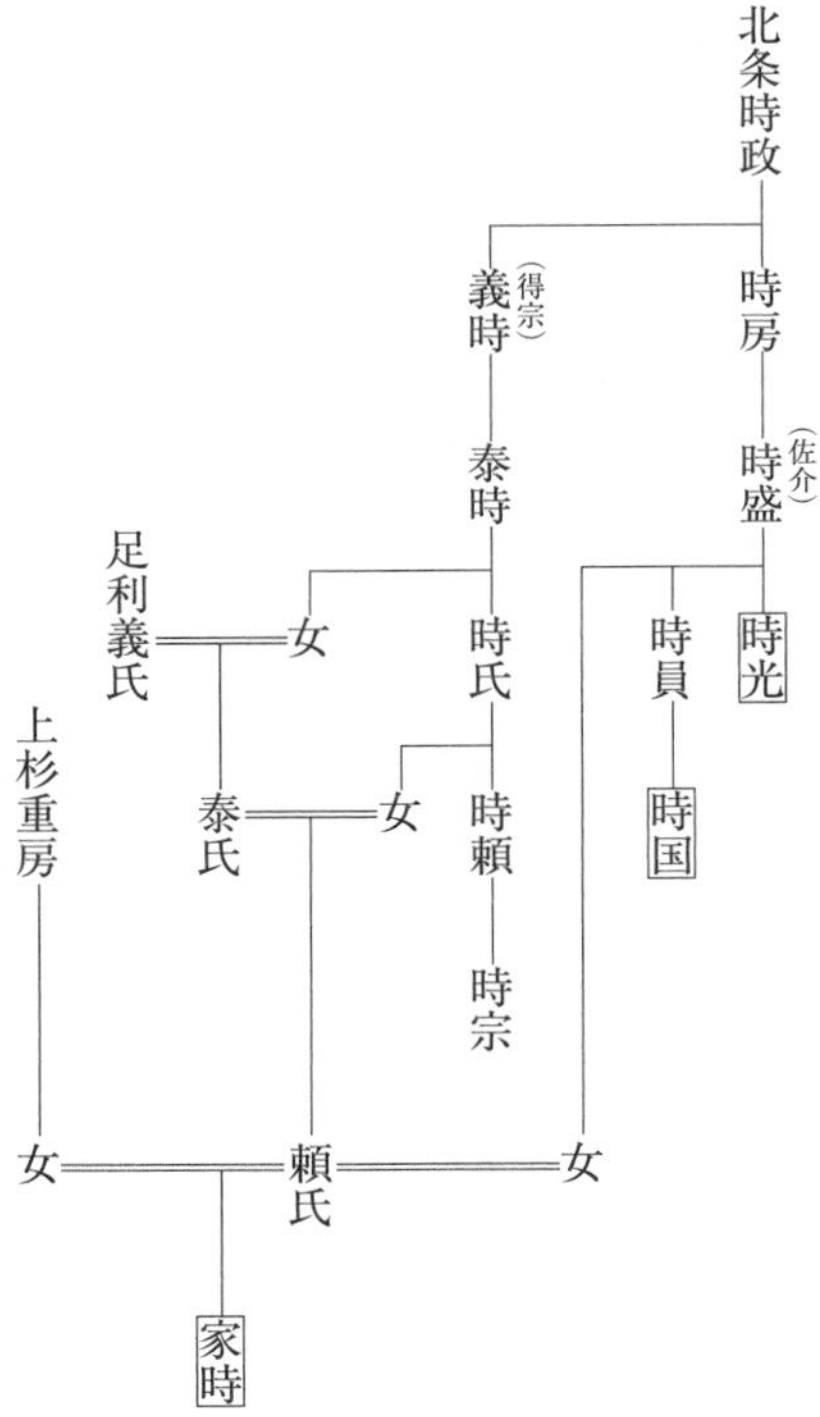

※□の人物は佐介事件の関係者を示す

流罪に処された（『鎌倉《かまくら》年代記《ねんだいき》』弘安七年条裏書）。この佐介氏に対する弾圧の背景については不明だが、時宗の死没直後という時期を踏まえると、体制派（得宗家グループ）と反対派（佐介氏）との間で水面下での権力闘争が展開していた可能性が高い。そして、その最中の六月二十五日、家時が自害を遂げた。ときに二五歳だった（『瀧山寺縁起《たきさんじえんぎ》』）。

前述したように、家時の父頼氏の正妻は、時国の祖父で、時光の父にあたる時盛の娘だった。家時の母は上杉重房の娘だったが、足利本宗家と佐介氏自体は姻戚関係にあったことになる。すると、家時と時国らとの間には何かしらの接点があったことが推測でき、さらに家時の自害は時国らへの弾圧の最中だったことも考え合わせると、それはこの佐介事件に関与してのものだったと考えるのが自然だろう（佐藤進一、一九八〇・小林吉光、一九八九・熊谷隆之、二〇一三・清水克行、二〇一三）。

家時がどれほど主体的に関与していたのか、残念ながら明らかにならないが、源氏将軍観が復活して足利本宗家の存在がクローズアップされた状況下であることを踏まえると、家時は佐介氏の謀叛に担がれたか、あるいはそのように誤解されても仕方のない事態が起きていたとみられる。この事態に至った家時の脳裏には、祖父の泰氏が建長の政変に参画して失脚した事実が思い起こされたのではないか。一度ならず二度までも得宗家に反抗したとみなされたならば、足利本宗家は滅亡の憂き目に遭いかねない。そこで家時は、足利本宗家を守るために先手を打って自害におよんだのだろう。

『難太平記』によると、家時は自害にさいし、自分の命を縮めて三代のうちに天下をとるように八幡大菩薩に祈願し、その旨を記した置文《おきぶみ》（遺書）を作成したというが、このエピソードは史実とはみなしがたい（川合康、一九九五・市沢哲、二〇〇二）。だが、家時が自害の前に置文を記したこと自体は確かなようで、後年、孫の足利直義《ただよし》はこれを実見して「感激肝《きも》に銘《めい》ずる」ほど感動したという（「醍醐《だいご》寺《じ》文書」）。しかし、その内容は『難太平記』が伝えるようなものではなく、無益な政争に巻き込まれて足利本宗家を守るべく自害せざるをえなくなった、無念の思いをつづったものだっただろう。

霜月騒動と足利氏

時宗没後の嵐は、佐介事件後も続いた。すなわち、佐介事件によって反対派が一掃されると、次は体制派（得宗家グループ）のなかで主導権が争いが起きたのである。この主導権争いの当事者は、得宗家を継承した北条貞時《さだとき》（時宗の嫡子）の外祖父にあたる安達泰盛と、得宗家の執事《しつじ》（内管領《うちかんれい》）で貞時の乳母《めのと》の夫でもあった平頼綱《よりつな》だった。

弘安八年（一二八五）十一月、頼綱は鎌倉の泰盛の屋敷を襲撃して、安達一族とその与党者を滅ぼした。このとき討たれた人びとのなかに、「足利上総三郎」という人物が確認できる（『鎌倉年代記』弘安八年条裏書）。この人物は、一般的に吉良満氏《みつうじ》（長氏の嫡子）と考えられているが、満氏も父長氏と同じく上総介に任官しており、かつ前年四月には出家していたようなので（『尊卑分脈』）、満氏の嫡子で三郎を仮名としていた貞氏《さだうじ》とみるのがよさそうである（吉井功兒、二〇〇〇・前田治幸、二〇一〇b）。

いずれにせよ、吉良氏は泰盛与党として討たれたことになるが、満氏は建治年間（一二七五～七七）にモンゴルの再襲来に備えた非常措置として実施された大規模な守護交代のなかで越前国守護に抜擢されたことが知られている（佐藤進一、一九七一）。この大規模な守護交代という施策は泰盛が推進したとみられ、モンゴル再襲来の前年にあたる弘安三年には泰盛の嫡子の盛宗《もりむね》が越前国の国司（越前守《えちぜんのかみ》）に任官したことからも、満氏は泰盛派の主要メンバーだったと指摘されている（松島周一、二〇一六）。すると、貞氏も父満氏と同様の立場にいたため、頼綱に討たれたということになる。

この霜月騒動《しもつきそうどう》で討たれた足利氏は、ほかにも確認できる。それは家氏の嫡子の宗家《むねいえ》であり、彼も泰盛派だったことが知られる（「最上《もがみ》系図」）。いっぽう、足利本宗家は霜月騒動直後に鎌倉で活動していることが確かめられるため（「相承院《そうしょういん》文書」弘安九年三月二日付心《しん》仏《ぶつ》書状）、この事件に連座することはなかったようだが、これを支える兄の家系である吉良氏と斯波氏が霜月騒動の犠牲者となったのである。佐介事件と霜月騒動という時宗没後の一連の政争のなかで、足利氏は本宗家・吉良氏・斯波氏という中心的な諸家が被害をこうむり、大きな打撃を受けたのだった。

二月騒動と新田氏

時宗没後の一連の政争のなかに、新田氏の姿をみつけることはできない。前節でみたように、新田本宗家は寛元二年（一二四四）六月に政義が自由出家によって失脚したが、嫡子の政氏はその一〇年後の建長六年（一二五四）には御家人として活動していた様子が認められるので（『鏡』）、まったく没落してしまったというわけではなかった。しかし、政義も政氏も足利本宗家の庇護下に置かれたという状況が示すように、新田本宗家が足利本宗家と同じく幕府中枢に連なることはなかった。このことは、新田本宗家と同様に失脚ないしは政治的地位を低下させた里見氏と山名氏にもあてはまる。時宗没後の一連の政争のなかに彼らの姿がみえないのは、こうした幕府中枢との政治的距離（足利氏との政治的格差）を如実に示しているといえる。

だが、新田氏のなかにも、幕府中枢に連なる人物は存在した。それは、前節でも紹介した世良田頼氏である。頼氏は政義と入れ替わるように『鏡』に登場し（初見は寛元二年八月十五日条）、足利本宗家と同様に鎌倉において将軍近臣として活躍したのである。頼氏はまた、おそらく五位で三河守という、当時の新田氏のなかでもっとも高い官位を得た。これらのことに着目すると、頼氏は失脚した新田本宗家に代わって新田氏を代表する地位（惣領《そうりよう》）にあったとみて間違いないだろう。

頼氏は、新田氏の惣領として幕府中枢に連なったとみられる。すると、時宗没後の一連の政争のなかに、頼氏あるいはその子たちの姿が確認できないことは一見不自然に思える。しかしこれは、頼氏が文永九年（一二七二）二月に起きた二月騒動と呼ばれる幕府の政争に巻き込まれ、失脚したためと考えられる。すなわち、当時の執権時宗は、蒙古襲来の危機が現実味を帯びるなか政権の足下を固めるべく、抵抗勢力とみなした異母兄の北条時輔《ときすけ》と一門の名越時章・教時《のりとき》兄弟を誅殺した。そして、この二月騒動と同時期に、頼氏は突然佐渡国に流罪となったことから（「長楽寺系図」）、この事件に連座して失脚したとみられるのである。前述したように、頼氏は足利義氏の娘を妻に迎えていたが、そのほかに時章・教時兄弟の姉妹にあたる女性も妻に迎えており、こうした名越氏との姻戚関係からこの事件に連座したようである（久保田順一、二〇〇〇）。

二月騒動以降、新田氏から幕府中枢に連なる人物は現れなかった。したがって、二月騒動は新田氏を幕府中枢から排除して一般御家人に落とし込み、足利氏との格差を決定づけた事件になったといえよう。

「物狂所労」を患う貞氏

家時の自害により、嫡子の貞氏が足利本宗家を継承した。このとき貞氏は一二歳であり、足利本宗家は頼氏から三代続けて幼い嫡子が当主の座に就くことになった。こうした事情が、足利本宗家の家政機構を整備させた一因になったと考えられるが、その具体的な様相については次節でみることにしたい。

さて、家時の自害に配慮したのか、得宗家は佐介事件への足利本宗家の関与を問うことはなく、幕府の家格秩序におけるその地位に変更が加えられることはなかった。しかし、それゆえに、貞氏が得宗家との関係に神経を使うようになったことは想像に難くない。実際、元亨三年（一三二三）十月に行われた貞時の十三回忌供養において、貞氏は二三〇貫文（およそ二三〇〇万円）もの高額な金銭を献上している（「円覚寺文書《えんがくじもんじょ》」）。この額は得宗家執事の長崎円喜《ながさきえんき》が献上した三〇〇貫文に次ぐものであり、貞氏が得宗家との関係にいかに気を配っていたかがうかがえよう。

貞氏が神経を使った相手は、得宗家だけに限らなかった。すなわち、足利本宗家を支えた吉良氏と斯波氏も、その対象になったのである。前述したように、吉良氏と斯波氏は霜月騒動でそれぞれ当主が討たれたが、この事件の主謀者だった頼綱が正応六年（一二九三）四月に貞時に討たれると、復権を果たした。これも前述したが、彼らは本宗家と同じく足利姓を名乗る自立した御家人であり、貞時の十三回忌供養のさいに足利氏のなかで進物を献上したのは、本宗家のほかにはこの二氏だけだった。吉良氏と斯波氏は、本宗家を支えることで足利氏のなかで特別な門地を占めたのである。こうしたことから、貞氏は彼らに対しても神経を使ったわけだが、これは取りも直さず貞氏に彼らとの差別化（嫡流家の立場の明確化）を課題として認識させたと考えられる。

そこで注目されるのが、貞氏の嫡子高義《たかよし》の名乗りである。貞氏は北条一門の金沢顕時《あきとき》の娘を正妻に迎えており、高義はその間に生まれた子だった（田中拓也、二〇一九）。家時という例外は存在するものの、鎌倉期の足利本宗家の当主の名乗りは、基本的に得宗の実名の一字と本宗家の通字となった「氏」字とを組み合わせて構成された。ところが、高義という名は、得宗北条高時《たかとき》（貞時の嫡子）の「高」字と「義」字によって構成されたのである。「氏」字ではなく、あえて「義」字が選択されたことには何かしらの意味があったはずだが、それは本宗家こそが足利氏の嫡流家であるという意思表示ではなかったか。

前述したように、将軍惟康王は源氏賜姓を受けて頼朝になぞらえられたが、これは源氏将軍観の復活とともに頼朝権威の高揚をもたらした（鈴木由美、二〇一八）。鎌倉末期の御家人たちは、頼朝の家人となった先祖によって自らの家が開創されたという歴史認識を持っていたことが指摘されているが（田辺旬、二〇一八）、これは頼朝権威の高揚がもたらした所産と考えられる。また、鎌倉末期の御家人には、頼朝の家人となった先祖の実名の一字を名乗る傾向がみられるようになるというが（市村高男、二〇〇七）、これも頼朝権威の高揚にともなう現象と理解でき、足利本宗家も同様だったと思われる。すると、貞氏は嫡子の元服にさいし、御家人足利氏を開創した足利義兼・義氏父子を意識して「義」字を選び（鎌倉末期の足利本宗家は義兼・義氏父子を始祖と認識していた）、「高義」という名を用意したと考えられよう。ここには、本宗家こそが御家人足利氏の嫡流家であるという意味合いが込められたはずである。なお、鎌倉末期の吉良氏の当主は貞義《さだよし》（満氏の子）だったが、同じく「義」字を使用していることに着目すると、吉良氏への対抗心の現れとしても理解できよう。

正安四年（一三〇二）二月九日、貞氏は長年「物狂所労《ものぐるいのしょろう》」だったために祈禱が行われ、それにより快方に向かったという（『門葉記《もんようき》』）。得宗家と足利氏の有力庶子家の双方に相対するなかで、精神的に追い詰められた生活を送っていたのだろう。しかし、完治することはなかったようであり、三年後の嘉元三年（一三〇五）五月二日までに、まだ三〇代にさしかかったばかりだったにもかかわらず、出家を遂げてしまった（前田治幸、二〇一〇b）。

朝氏の改名

貞氏の嫡子高義の名乗りは、御家人足利氏を開創した義兼・義氏父子を意識したものだったと考えられるが、新田本宗家にもこうした様子が認められる。すなわち、新田義貞の父にあたる朝兼は、はじめ朝氏と名乗っていたことから（「長楽寺系図」）、いずれかの時点で改名したことが知られるが、この「兼」字は、おそらく御家人新田氏を開創した新田義兼を意識したものだったと考えられるのである。

さて、この改名の背景には、新田本宗家も足利本宗家と同様に、嫡流家の立場の明確化という課題を抱えていた事情があったとみられる。すなわち、前述したように、新田政義の失脚によって新田氏の惣領の地位は世良田頼氏に移ったが、このことは新田氏の嫡流が頼氏の家系に移ることを意味する。実際、『鏡』のなかで頼氏は新田姓で登場しており、将軍近臣として活躍していた頼氏にはそうした自覚が芽生えていたように思われる。ところが、二月騒動によって頼氏も失脚したことで惣領の地位はふたたび本宗家に戻ったとみられる。しかし、一度惣領の地位を失ったために、新田氏のなかでは本宗家が嫡流家であることは必ずしも自明ではない状況にあったと考えられる。そこで朝氏は、本宗家こそが御家人新田氏の嫡流家であることを標榜《ひょうぼう》するべく、始祖義兼を意識して「朝兼」と改名したのではなかろうか。

ところで、朝氏の改名は、祖父の政氏以来使用し続けてきた「氏」字を捨てることにほかならない。朝氏はまた、嫡子（義貞）の実名にも「氏」字を使用しなかった。新田本宗家の「氏」字の使用（共有）は、自分たちが「足利一門」であることの意識の表れと考えられることを前節で述べたが、このことを踏まえると、朝氏による「氏」字の使用放棄は

「足利一門」意識の相対化への第一歩にもなったと指摘できよう。

もちろん、当時の足利本宗家と新田本宗家との経済・政治的格差は歴然としており、朝氏は改名後も「足利一門」意識を持ち続けただろう。しかし、朝氏の改名はそのいっぽうで、鎌倉末期の新田本宗家の人びとに、義国流清和源氏一門を「足利一門」と認識し、自らをその一員と自明視する思考について再考を促す契機になったように思われる。「足利一門」意識の相対化は、新田本宗家が足利本宗家との対決に踏み切るにさいして不可欠な思考だったはずだが、その土壌《どじょう》は朝氏の改名を機に徐々に形成されていったのである。

3　鎌倉の足利氏、上野の新田氏

都市領主となった足利氏

鎌倉期を通じて、足利氏は幕府中枢に連なる有力御家人となったのに対して、新田氏はそこから排除されて上野国の一般御家人となった。鎌倉幕府体制下における両者の立場は対照的なものとなったが、これに照応するように両者には領主としての存在形態にも大きな差異が認められる。本節ではこの点について確認するが、まずは足利氏（以下、本節では本宗家を意味する）の存在形態を確認してみよう。

足利氏の本領は下野国足利荘であり、当然のことながら、そこには足利氏の屋敷が構えられた（鑁阿寺境内がその跡と伝わる）。そのいっぽうで足利氏は、鎌倉にも複数の屋敷を構えたが、大蔵谷《おおくらがやつ》のそれが本邸と考えられている（浄妙寺《じょうみょうじ》の東側一帯と伝わる）。足利義兼以来、足利氏は幕府中枢に連なっていたことを想起すると、活動の拠点は基本的に鎌倉に置かれ、足利荘には祖先の供養などの特別な用事があるときに赴く程度だったと思われる。そして、こうした傾向は、足利家時の段階からいっそう顕著になったようである。というのも、義兼から頼氏までの足利氏当主の菩提寺は足利荘内に建立されたのに対し、家時と貞氏のそれはそれぞれ鎌倉に建立された報国寺《ほうこくじ》と浄妙寺だからである。家時以降、足利氏は足利荘にはめったなことでは足を踏み入れることがなくなり、鎌倉の都市生活への依存度を高めていったとみられよう。プロローグでも紹介したが、一三世紀後半までに足利氏は「鎌倉中」の御家人となったことが確認でき（六条八幡宮造営注文）、文献史料からもそうした実態を裏づけることができる。

すると、当該期の足利氏は、上総・三河両国の守護を兼ね、かつ全国におよぶ三〇ヵ所以上の所領を有していたが、守護の職務と多数の散在所領の経営は鎌倉を拠点として行われたことになる。この点に関して、足利氏は鎌倉の本邸を中心に家政機構を整備することで、これらを円滑に行うことができたことが先行研究によって明らかにされている（福田豊彦、一九七七・小谷俊彦、一九七七c・小林吉光、一九八九・山田敏恭、二〇〇七）。そこで、

図14　鑁阿寺（上）と浄妙寺（下）

これらの成果を踏まえながら、足利氏の家政機構の具体的な様相をみてみよう。

足利氏の家政機構

鎌倉大蔵谷の足利氏の本邸には、「政所」「奉行所《ぶぎようしよ》」「御内侍所《みうちさむらいどころ》」の三つの中央家政機関が設けられた。政所は全国に散在する足利氏の所領を統轄した機関とみられ、初見は『鏡』宝治二年（一二四八）閏十二月二十八日条となる。しかし、平家との合戦以来、足利氏は全国に数多くの散在所領を獲得してきた経緯を踏まえると、これらの所領を統轄するべく一三世紀前半には開設されたと考えられる。

政所のもとには、各地の所領ごとに地方機関が設置されたが、なかでも足利荘と三河国額田郡には公文所《くもんじよ》が置かれ、現地の支配を担った。額田郡は、もともと義兼の母方の一族である熱田大宮司家が郡司職《ぐんじしき》を持っていた所領と考えられ、承久の乱後、足利義氏が熱田大宮司家との姻戚関係を背景にこれを同郡地頭職として継承したと推測されている（新行紀一、一九八〇）。西に接する碧海荘との境界に位置した矢作宿《やはぎしゆく》には足利氏の屋敷が構えられ、ここが三河国の守護所《しゆごしよ》となったように（新行紀一、一九八九）、額田郡は足利氏にとって同国の中心的所領であり、足利荘に次ぐ「第二の本領」ともいうべき所領になった。このように、足利氏にとって特に重要な二つの所領には公文所が置かれたわけだが、公文所は足利氏当主の指示を受けて活動したことを踏まえると（「鑁阿寺文書」）、これら二つの所

図15　足利氏家政機構図

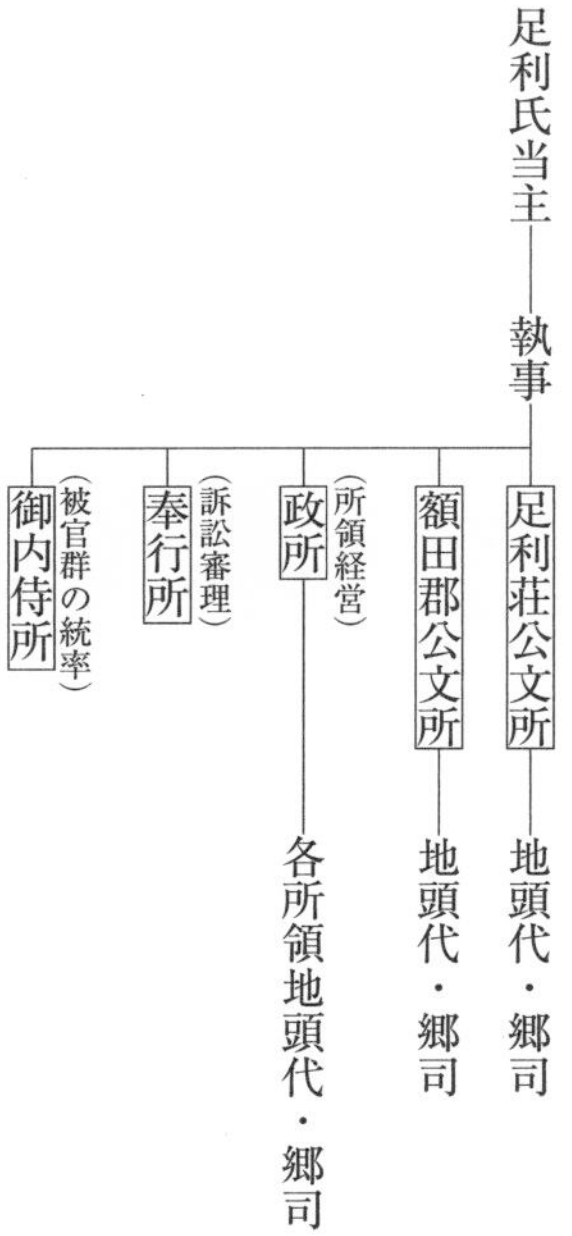

領は足利氏の直轄領だったと考えられよう。ただし、足利荘と額田郡の内部には、地頭代《じとうだい》や郷《ごう》司《じ》が設置された所領も存在したため、公文所の統制を受けつつ地頭代や郷司が支配する所領（例郷《れいごう》）が含まれていたことが知られる。

足利荘と額田郡以外の所領には、地頭代や郷司が直接設置され、彼らが政所に年貢などを納入した（「倉持文書」）。足利荘と額田郡以外の所領は、別納《べちのう》の所領だったとみられるわけだが、これらの地頭代や郷司は、足利氏がその所領を獲得したのを機に随時設置されたのだろう。

数多くの所領を獲得するにともない、紛争も数多く寄せられるようになり、かつ膨大な被官群を抱えるようにもなったとみられる。これらの紛争を解決するために設置された訴訟審理機関が奉行所だった。この足利氏の訴訟審理機関では、訴人《そにん》（原告）と論人《ろんじん》（被告）による三問三答（訴状《そじょう》と陳状《ちんじょう》の交換）と書面審理が行われたのちに、訴論人の対決（口頭弁論）におよぶという、完成期の鎌倉幕府の訴訟制度と同様の手続きを経て裁許《さいきょ》が下された様子が確認でき興味深い（「得田《とくだ》文書」元亨二年〈一三二二〉五月二十三日付高師重《こうのもろしげ》下知《げち》状《じょう》）。いっぽう、膨大な被官群を統率した機関と目されるのが御内侍所である。ただし、これは「清源寺本高階系図《せいげんじぼんたかしなけいず》」にのみ存在が確認できるため、詳細は明らかにならない。

このように足利氏は、鎌倉の本邸に三つの中央家政機関を整備し、各地の所領には政所が統轄する公文所や地頭代・郷司という地方機関を設置した。そして、当主のもとでこれら家政機構を統轄したのが、執事の高《こう》氏だった（田中奈保、二〇〇五・山田敏恭、二〇〇七）。足利氏は、このように執事の高氏を要に家政機構を整備することで、守護の職務と全国に散在する数多くの所領の経営、および膨大な被官群の統率を行うとともに、幼い当主が相次ぐという事態に対処したのである。

地域権力となった新田氏

次に新田氏の存在形態を確認する。新田氏は上野国の一般御家人となったため、足利氏とは対照的に、活動の拠点は本領の上野国新田荘に置かれ、鎌倉には御家人役を務めるときなどに赴く程度だったと思われる。上野東部の新田荘を活動拠点とした新田氏は、上野中央部と武蔵北部にも所領を形成することで、上野中央部・東部および武蔵北部一帯を軍事的テリトリー（勢力圏）に収める地域権力になったが、その具体的な様相をみてみよう。

新田荘成立以前に新田氏が上野国に形成していた所領は、国府に近い八幡荘である。八幡荘は、東山道と鎌倉街道上道《かみつみち》（鎌倉と上信越を結ぶ街道）という重要幹線が荘内で交わる、交通・流通の要衝に位置する荘園だった（久保田順一、二〇一三）。新田義重は長子の義俊を里見に、次子の義範を山名郷に配置したが、里見と山名郷はそれぞれ八幡荘の南北に位置する周縁域の所領である（里見は郷とも村とも確認できないという）。ここで注目すべきは、里見も山名郷も、上野国外へ通じる主要交通路上に位置していたことである。すなわち、前者は東山道から分岐して信濃へ至る大戸道《おおとみち》上に、後者は鎌倉街道上道上に位置していたのである。義重が屋敷を構えた荘内の寺尾も鎌倉街道上道上にあったことから、里見と山名郷に構えられた義俊と義範の屋敷と連関させることで、義重は北武蔵・東信濃へ通じる上野中央部の主要交通・流通路の掌握を目指したと考えられる。

宮田《みやた》（現群馬県渋川市）にある不動寺《ふどうじ》の石造不動明王立像《せきぞうふどうみょうおうりつぞう》は、胎内墨書銘《たいないぼくしょめい》から建長三年（一二五一）に里見氏義が造立したことが判明する。このことから里見氏は、宮田周辺にも所領を形成していた可能性がある（須藤聡、二〇一〇）。また、宮田の南方にある、沼田《ぬまた》

図16　不動寺石造不動明王立像（左，渋川市教育委員会提供）と金蔵寺「源義秀」宝篋印塔（右）

と吾妻《あがつま》郡方面の分岐点に位置する金井《かない》（現同市）の金蔵寺《きんぞうじ》には、康永二年（一三四三）の銘を持つ「源義秀《よしひで》」を追善供養《ついぜんくよう》した宝篋印塔《ほうきょういんとう》がある。この宝篋印塔は、新田氏との関わりが深いと考えられている、須弥壇式《しゅみだんしき》宝篋印塔と呼ばれる形式を持つ。このことから義秀は、宮田周辺を拠点とした里見氏の人物と推測されている（磯部淳一、一九九四）。この推測が正しければ、里見氏は宮田から吾妻川《あがつまがわ》の右岸一帯に影響力をおよぼしていたことになる。

　さて、新田荘世良田郷故地にある総持《そうじ》寺《じ》は、義重の屋敷跡の伝承を持っており、新田本宗家の屋敷跡の可能性が高い。世

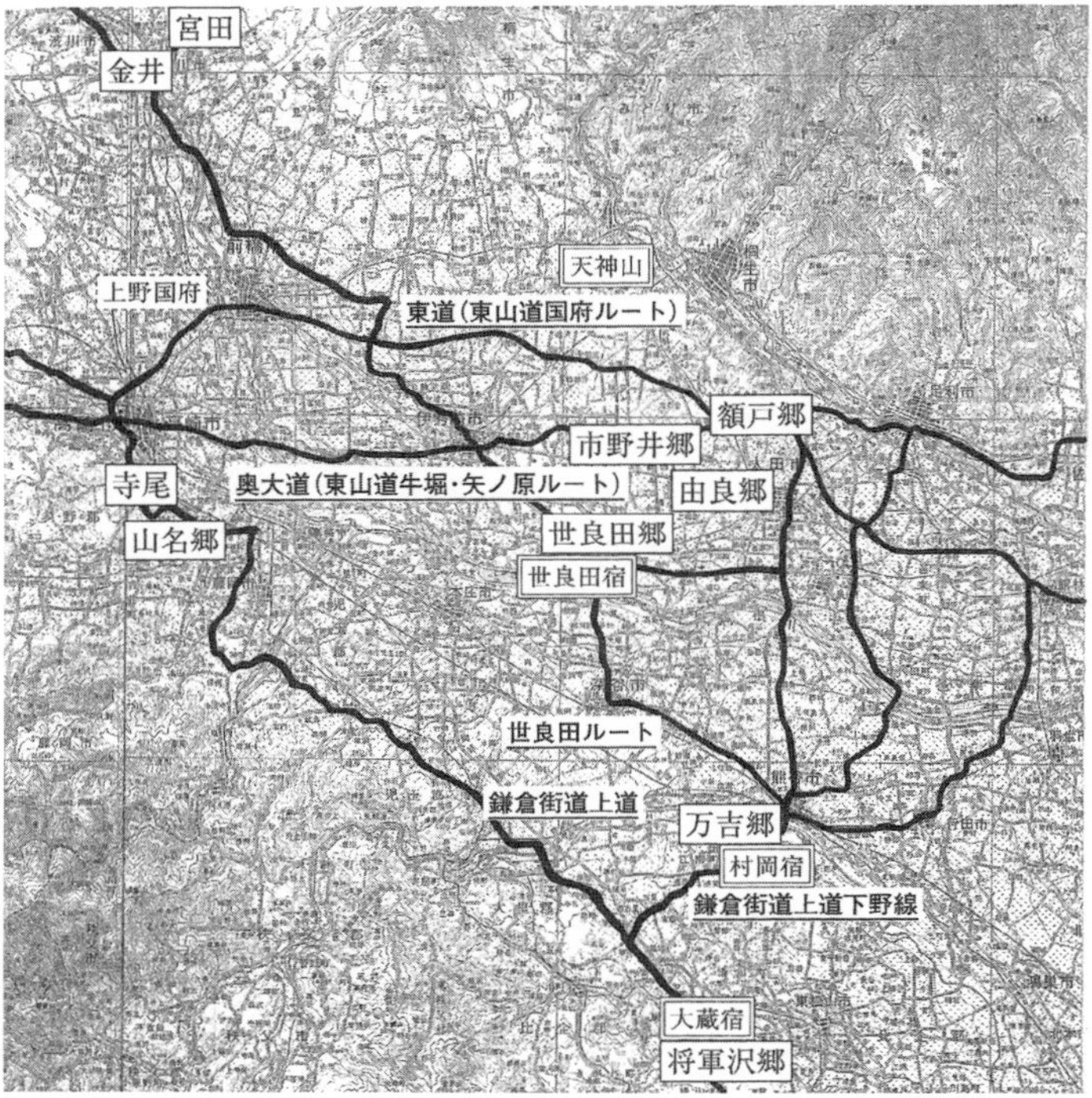

の軍事的テリトリーと主要交通路（田中大喜, 2015）

良田郷は、上野中央部・東上野・北武蔵へ至る陸上交通路が集結するいっぽう、早川《はやかわ》によってすぐ南の利根川《とねがわ》にもつながる物資輸送に便利な水陸交通の要地であり、新田荘外との接続においてもっとも優れた立地条件を有していた。新田荘の開発を進めた義重が、物資や人を集めるのに便利な世良田郷に屋敷を構えたのは、きわめて

図17　新田氏

自然といえる。世良田郷はまた、利根川および鎌倉初期には那波《なば》郡でこれに合流していた烏川《からすがわ》を介して、山名郷―寺尾―里見とつながっていたと指摘されている（山本隆志、二〇一〇）。すると義重は、世良田郷に屋敷を構えて、これらの所領と連関させることで、上野中央部から東部にかけての交通・流通路の掌握を目論んだとも考えられる。これに関連して、義重は五男の経義《つねよし》を新田荘東部の額戸郷《ごうとごう》に配置したが、額戸郷は上野国の東西を結ぶ幹線道路である東道《あずまみち》と奥大道《おくだいどう》が合流する要衝だった。したがって、これも上野東部の交通・流通路の掌握を意図したものだったと理解できる。

義重はまた、村岡宿《むらおかしゆく》（現埼玉県熊谷市）と大蔵宿《おおくらやしゆく》（現同嵐山町）という北武蔵地域の経済拠点へも進出し、これらの周辺にも屋敷を構えたと推測される。というのも、新田氏は、これらの宿に隣接する万吉郷と将軍沢郷に所領を持っていたことが確認できるが、これらは村岡宿や大蔵宿の周辺に屋敷を構えて活動するなかで形成（獲得）したものとも考えられるからである。村岡宿と大蔵宿は、前者が村岡と世良田とを結ぶ交通路（世良田ルート）を介して新田荘と結びつき、後者が鎌倉街道上道を介して八幡荘と結びつくといった具合に、新田氏の上野国の所領と陸上交通路を介して緊密に結びついていた。そのため義重は、これら北武蔵地域の経済拠点に進出してその周辺に所領を形成することで、上野中央部・東部と武蔵北部とを結ぶ交通・流通路を掌握しようとしたのだろう。

このように新田氏（義重）は、上野中央部・東部と武蔵北部に所領を集中的に形成し、これらを結ぶ交通・流通路を掌握することで、これら一帯を軍事的テリトリーに収める地域権力になったのである。義重以後、この新田氏の軍事的テリトリーは、その基盤となった所領を相続した新田本宗家・里見氏・山名氏・世良田氏らの緩やかな連携により維持されたのだった。

足利氏と新田氏の被官構成

足利氏と新田氏は、領主としての存在形態も対照的だったことが確認できたと思われる。このような両者の対照的な姿は、その被官構成からもうかがうことができるので、この点についても確認してみたい。

足利氏の被官構成を知るうえで重要な史料になるのが、プロローグでも紹介した足利氏所領奉行人注文である。ここには、二八名の奉行人（被官）が三つのグループにわけられて記載されているが、彼らはその名字によって、①根本被官、②幕府の政争で没落した御家人一族、③幕府奉行人（法曹官僚）一族、という三つの出自に分類できる（福田豊彦、一九七七）。いま、これらのなかで注目したいのが、明石《あかし》氏や有富《ありとみ》氏という、③の出自を持つ被官たちである。というのも、前述したように、足利氏の訴訟審理機関である奉行所では、完成期の鎌倉幕府の訴訟制度と同様の手続きを経て裁許が下された様子が確認できるが、これは足利氏が③の出自を持つ被官たちを抱えたことで可能になったことが知られるとともに、このような被官たちを抱えられた点にこそ、鎌倉を拠点とする都市領主になった足利氏の姿が明瞭に現れているからである。

足利氏は鎌倉を拠点に活動するなかで、幕府奉行人の人びとと交流を持ち、その一族を被官にリクルートできたのだろう。足利氏自身も、幕府中枢に連なる有力御家人として活動するなかで幕府（得宗家）の政権運営の方法を学んだと思われるが、政権運営の実務と幕府制度の運用を担う奉行人の一族を被官にしたことで、政権運営および幕府制度のノウハウを蓄積することができたとみられる。こうして足利氏は、やがて北条氏に代わって幕府の主宰者となる知識（統治技術）と人的基盤を築いたと考えられるのである。

いっぽう新田氏の被官構成については、足利氏のようにこのことを示す一次史料は存在しないが、一次史料に登場する船田《ふなだ》氏や由良《ゆら》氏のほかに、『太平記』に登場するいわゆる「新田十六騎」と総称された人びとがその主要な被官たちとみなすことができる。ここで同じように彼らの名字に着目すると、高田《たかだ》氏（上野国甘楽《かんら》郡）・篠塚《しのづか》氏（同国邑楽御厨《おうらのみくりや》）・高《たか》山《やま》氏（同国高山御厨）・園田《そのだ》氏（同国園田御厨）・山上《やまがみ》氏（同国勢多《せた》郡）・藤田《ふじた》氏（武蔵国榛沢《はんざわ》郡）・長浜《ながはま》氏（同国賀美《かみ》郡）栗生《くりう》氏・難波《なんば》（難波田《なんばた》か）氏・川越《かわごえ》氏・青木《あおき》氏（以上、同国入間《いるま》郡）は、おおよそ上野中央部・東部から武蔵北部に出自を持つ武士たちと推測でき、その分布は新田氏の軍事的テリトリーとほぼ重なる点が注目される。すなわち、この事実は新田氏が上野中央部・東部と武蔵北部一帯を軍事的テリトリーに収める地域権力になったことと照応しているといえ、新田氏は自己の軍事的テリトリーの傘下に入った小規模な武士たちを被官にした様子が知られるのである。

したがって、当然のことながら、新田氏には幕府奉行人の一族に出自を持つ被官は存在しない。新田氏はまた、二月騒動に連座した世良田頼氏の失脚によって、幕府中枢から完全に排除された。つまり新田氏は、足利氏のように政権運営および幕府制度のノウハウを蓄積することができなかったのであり、そのため北条氏に代わって幕府の主宰者となるような発想（野心）は持ちえなかったと思われるのである。

周知のように、鎌倉幕府の滅亡後、足利氏は幕府の再興を目指すことになるが、新田氏は朝廷（建武政権《けんむせいけん》）の武力としてその行動を阻止していくことになる。こうした両者の行動（選択）の差異は、鎌倉期を通じて培ってきた政権運営および幕府制度のノウハウの有無に規定されたといえよう。そしてそれは、鎌倉幕府体制下で築かれた両者のあまりに大きな格差にもとづいていたのである。

三　連携から対決へ

1　打倒、鎌倉幕府

高氏と義貞の登場

足利貞氏の嫡子は、正妻の金沢顕時の娘（釈迦堂殿《しやかどうどの》）が生んだ高義である。高義は、貞氏の側室だった上杉頼重《よりしげ》の娘（清子《せいし》）が生んだ高氏《たかうじ》と高国《たかくに》（のちの直義）の異母兄に当たる。前章で述べたように、貞氏は三〇代にさしかかる頃には心身に変調をきたし出家を遂げてしまった。そのため、それからまもなくして、高義が足利本宗家を継承したようである（『鶴岡八幡宮寺供僧次第《くそうしだい》』）。

ところが、文保元年（一三一七）六月、高義はわずか二一歳で亡くなってしまった（『蠹《と》簡集残編《かんしゆうざんぺん》 六』所収「足利系図」・「前田本源氏系図」）。高義には二人の男子がいたが、いまだ幼少だった。また、次子の高氏も、この時点で一三歳だった。そこで貞氏が当主に返り

図18　足利尊氏木像（左，等持院所蔵）と新田義貞木像（右，金龍寺所蔵）

咲き、元徳三年（一三三一）九月に亡くなるまで居座り続けた。

つまり、高氏は貞氏が死没するまで足利本宗家を継承できなかったわけだが、これは釈迦堂殿が高義の遺児の本宗家継承を望んだためとみられる。これまでも足利本宗家では、当主の出家あるいは早世にともない、幼少の人物が当主に就くことがあった。しかし今回は、まもなく成人を迎える高氏という庶子が存在したため、これを無視して幼少の高義の遺児が当主に就くわけにはいかなかった。そのため貞氏が、いわば中継ぎとして当主に復帰したのだが、貞氏は心身に不安を抱えていたこともあり、やがて高義の遺児の成人を待たずに高氏を後継者に指名することになった。

このことを示すのが、高氏と北条一門の赤橋久時《あかはしひさとき》の娘（登子《とうし》）との婚姻である。この婚姻は、北条氏出身の女性を母に持たない高氏の血統上の弱点を補ういっぽう、北条氏から正妻を迎えてきた本宗家当主の先例にならうものでもあり、高氏を貞氏の後継者にするための措置とみられる。元徳二年には登子との間に嫡子千寿王《せんじゆおう》（のちの義詮《よしあきら》）が生まれたが、高氏が本宗家を継承するのは翌年の貞氏の死没を待ってからとなった。高氏を後継者に指名しながらも、貞氏が死ぬまで当主の座を譲らなかったのは、釈迦堂殿へのせめてもの配慮だったのだろう。高氏は、このとき二七歳になっていた。

いっぽう、新田本宗家をみてみると、新田朝兼の活動は正和四年（一三一五）二月まで確認できる（「長楽寺文書」）。この時点で朝兼は出家して源光《げんこう》と名乗っており、それから三年後の文保二年十月には嫡子義貞の活動が認められる（「同文書」）。したがって、正和四年二月～文保二年十月の間に朝兼は亡くなり、新田義貞が新田本宗家を継承したと考えられる。義貞の生年は明らかにならないが、高氏よりもやや早い一三〇〇年前後の誕生と目されているから、新田本宗家を継承した頃は一八歳前後だったとみられる。

ところで、義貞も北条氏の関係者と婚姻関係を持っていた。とはいっても北条一門の女性と結婚したわけではなく、得宗家被官の安東《あんどう》氏の一族と目される安東重保《しげやす》の娘と結婚したのである（「鑁阿寺新田・足利両家系図」）。重保は、新田本宗家の所領である八幡荘に近い上野国甘楽郡の地頭だったようであり（「同系図」）、こうした地縁にもとづいて婚姻関係が結ばれたのだろう。そして、ここで注目すべきは、足利本宗家は北条一門の女性を妻に迎えたのに対し、新田本宗家はその被官層の女性を妻に迎えたという事実である。すなわち、婚姻関係にも両者の格差が如実に表れており、当時の新田本宗家は「足利一門」の一員であったものの、実態としては被官に近い立場にあった様子がうかがえるのである。

鎌倉期を通じて築かれた雲泥《うんでい》の格差のなか、高氏と義貞は歴史の表舞台に姿を現した。周知の通り、こののち両者はともに鎌倉幕府の打倒に立ち上がることになるが、それは決して対等な立場ではなく、「足利一門」の首長と被官に近い一員という立場に立脚していたのである。

幕府軍の一員として

貞氏が亡くなる少し前の元徳三年（一三三一）八月、二度目の倒幕計画が発覚した後醍醐《ごだいご》天皇が山城国の笠置山《かさぎやま》（現京都府笠置町）で挙兵した。当時の天皇家は持明院統《じみょういんとう》と大覚寺統《だいかくじとう》の二派に分裂しており、交互に天皇を輩出する両統迭立《りょうとうてつりつ》という慣例ができつつあった。後醍醐は大覚寺統の天皇だったが、その嫡流は甥の邦良《くによし》親王とされたため、後醍醐は自分の子孫に皇位を継承させることができな

図19　持明院統・大覚寺統関係系図（『本朝皇胤紹運録』より作成）

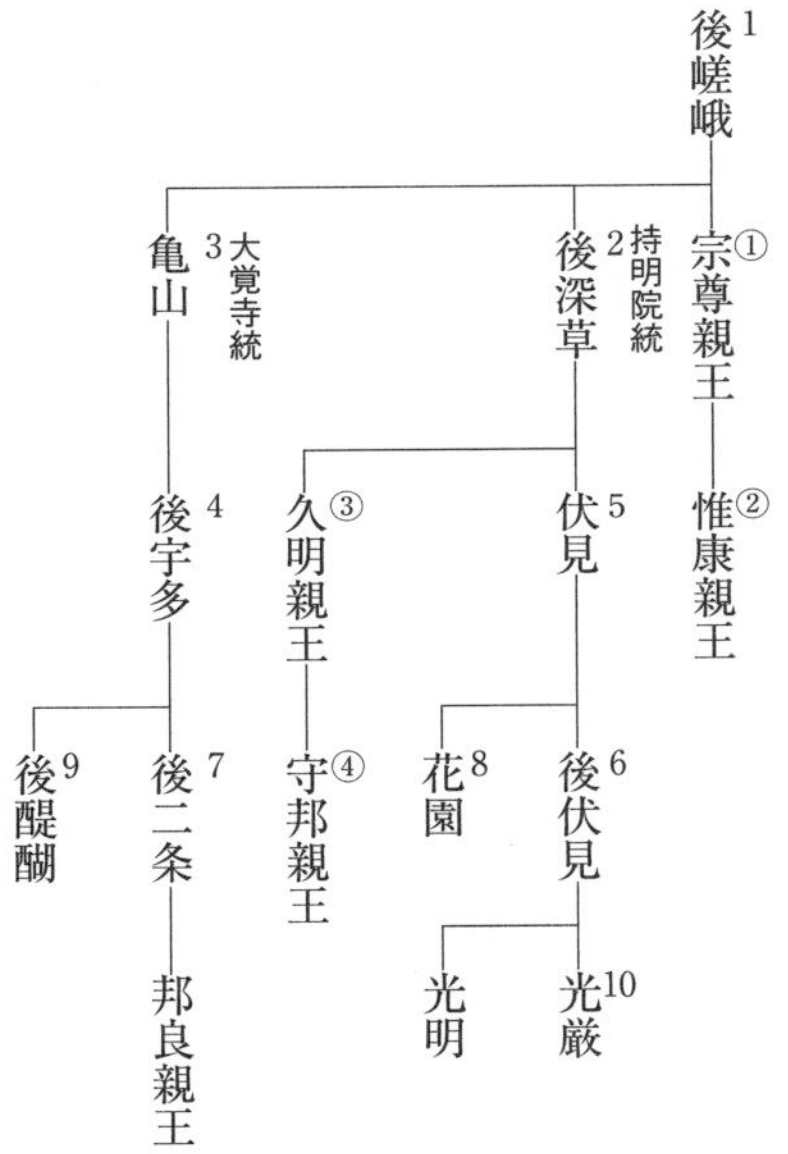

※数字は皇位継承の順番、丸囲みの数字は鎌倉幕府の将軍就任の順番を示す。

かった。両統迭立も大覚寺統における後醍醐の傍流という立場も、幕府の了解を得たものだったため、こうした現状に不満を募らせた後醍醐の刃は幕府へ向けられ、後醍醐を倒幕活動に駆り立たせたのだった。

翌月、この知らせを受けた幕府は関東から追討軍の派遣を決したが、高氏はこれを率いる大将軍の一人に選ばれた（『光明《こうみょう》寺残篇《じざんぺん》』）。北条氏の姻戚で幕府中枢に連なる有力御家人でもあり、かつ「国境」警固を家職にするという足利本宗家の立場を踏まえると、高氏は、この本宗家当主としてのはじめての大任を責務として受け止めたことだろう。しかしいっぽうで、貞氏が亡くなった直後の出陣命令であり、高氏の心中は決して穏やかではなかったと思われる。足利氏側の立場

料金受取人払郵便

本郷局承認

4887

差出有効期間
2023年7月
31日まで

郵便はがき

1 1 3-8 7 9 0

東京都文京区本郷7丁目2番8号

吉川弘文館 行

愛読者カード

本書をお買い上げいただきまして、まことにありがとうございました。このハガキを、小社へのご意見またはご注文にご利用下さい。

お買上**書名**

＊本書に関するご感想、ご批判をお聞かせ下さい。

＊出版を希望するテーマ・執筆者名をお聞かせ下さい。

お買上 書店名	区市町	書店

◆新刊情報はホームページで　http://www.yoshikawa-k.co.jp/

◆ご注文、ご意見については　E-mail:sales@yoshikawa-k.co.jp

ご氏名《ふりがな》		年齢　　歳　男・女
〒□□□-□□□□ ご住所		電話
ご職業		所属学会等
ご購読新聞名		ご購読雑誌名

今後、吉川弘文館の「新刊案内」等をお送りいたします(年に数回を予定)。
ご承諾いただける方は右の□の中に✓をご記入ください。 □

注 文 書

月　日

書　名	定　価	部　数
	円	部
	円	部
	円	部
	円	部
	円	部

配本は、○印を付けた方法にして下さい。

イ. 下記書店へ配本して下さい。

(直接書店にお渡し下さい)

(書店・取次帖合印)

書店様へ＝書店帖合印を捺印下さい。

ロ. 直接送本して下さい。

代金(書籍代＋送料・代引手数料)は、お届けの際に現品と引換えにお支払下さい。送料・代引手数料は、1回のお届けごとに500円です(いずれも税込)。

＊お急ぎのご注文には電話、FAXをご利用ください。
電話 03−3813−9151(代)
FAX 03−3812−3544

から書かれた歴史書の『梅松論《ばいしょうろん》』は、仏事を済ませていないうちに出陣命令を受けたことにより、高氏は「ふかき御恨」を抱いたと伝えている。

関東から出陣した幕府軍は、わずか二日間で笠置山を落とし、後醍醐は捕らえられた。高氏は十一月まで京に留まったのち、朝廷に挨拶を入れることもなく、ほかの大将たちを置いて鎌倉へ帰ってしまった（『花園天皇日記《はなぞのてんのうにっき》』）。こうした行動からも、高氏にとって今回の出陣が不本意だった様子がうかがえる。幕府も無理を押した出陣命令だったことを自覚していたようであり、今回の高氏の軍功を称えて、翌年の六月に高氏を従五位下から従五位上に昇叙《しょうじょ》するよう朝廷に申請している（『同日記』）。

図20　後醍醐天皇像（清浄光寺〈遊行寺〉所蔵）

捕縛された後醍醐は、承久の乱の先例にならって隠岐国へ流罪に処された。しかし、後醍醐の皇子の護良《もりよし》親王が倒幕活動を引き継ぎ、畿内の武士や寺社に挙兵を呼びかけたことで、畿内では反幕府勢力の活動が再開した。これに対して幕府は、西国御家人と京都大番役で在京中の東国御家人を動員して鎮圧に乗り出したが、このときの京都大番役の担当は上野国の御家人だったため、義貞率いる「新田一族」も動員された。義貞たちは、「里見一族」や「山名伊豆入道跡」の新田氏の人びととともに幕府軍に加わり、「大和道《やまとみち》」から楠木正成《くすのきまさしげ》が籠もる河内国の千早城《ちはやじょう》（現大阪府千早赤阪村）を攻めることになった（楠木合戦注文《くすのきかっせんちゅうもん》）。

こうして鎌倉幕府の崩壊へと向かう戦争が始まった。足利氏も新田氏も、緒戦では御家人として幕府軍の一員となり、反幕府勢力と対峙したのである。

高氏の決断

千早城は容易に落ちず、幕府軍は苦戦した。その最中の正慶二年（元弘三年＝一三三三）閏二月、後醍醐は隠岐国を脱出して伯耆国の船上山《せんじょうさん》（現鳥取県琴浦町）に入り、諸国の武士や寺社に広く挙兵を呼びかけた。この状況をみた幕府は、ふたたび関東から追討軍を派遣することに決し、前回に続いて高氏に出陣を命じた。

出陣に先立ち、得宗北条高時は、高氏に妻子を人質として鎌倉に留め置かせ、二心ない旨を書いた起請文《きしょうもん》の提出を求めた（『増鏡《ますかがみ》』）。一向に鎮まらない畿内の争乱に危機感を募らせた高時は、足利氏の力を必要としたものの、北条一門の女性を正妻に迎えたとはいえ自身は北条氏の血を引かない高氏を警戒したのである。高氏は高時の要求に応じ、三月二十七日、鎌倉を出陣した。

これまでみてきたように、鎌倉期を通じて足利本宗家は経済的にも政治的にも得宗家に次ぐ地位を築いたが、それはひとえに得宗家との徹底した提携関係によって築かれたものだった。そうした歴史を持つ足利本宗家を継承した以上、高氏には得宗家と袂《たもと》を分かつという発想は思いもつかなかったに違いない。実際、足利本宗家のなかで得宗家からの離叛を最初に口にしたのは、被官で高氏の伯父（母清子の兄）に当たる上杉憲房《のりふさ》だった。憲房は鎌倉を出陣するにさいし、高氏に後醍醐方へ寝返るよう進言したという（『難太平記』）。

もともと上杉氏は、京で四条家やこれと関係が深い女院《にょいん》（上皇に准じる待遇を受けた女性）に仕えた勧修寺流《かじゅうじりゅう》藤原氏の一族である（山田敏恭、二〇一〇）。前章で述べたように、四条隆親は足利義氏の娘を妻に迎えたが、これにより上杉氏も足利本宗家と接点を持ち、憲房の祖父に当たる重房が娘とともに足利本宗家に仕えるようになった（重房の娘は家時の母である）。足利本宗家の被官となったのちも、上杉氏は四条家に仕えたため、京および畿内の政治情勢に通じていたとみられる。後醍醐を中心とする反幕府勢力が畿内を席巻しているという情勢を正確に把握した憲房は、得宗家との提携関係を堅持することで彼らの矛先が足利本宗家にも向けられることを危惧し、高氏に離叛を勧めたのだろう。

憲房の進言を受けた高氏は、三河国の拠点である矢作宿に着くと、吉良貞義に相談し、同意を得た（『難太平記』）。一門の有力者である貞義の同意を得たことで、高氏の叛意は固まったとみられる。そして、近江国鏡宿《かがみしゅく》（現滋賀県竜王町）に到着したところで、あらかじめ後醍醐と接触していた上杉重能《しげよし》（憲房の養子）と細川和氏《ほそかわかずうじ》によって、後醍醐の北条氏追討の綸旨《りんじ》（天皇が発給する文書）が高氏のもとに届けられた（『梅松論』）。四月十六日に京に到着した高氏は、翌日、後醍醐のもとに使者を派遣して味方につくことを伝えた（『太平記』）。幕府有数の有力御家人を味方につけた後醍醐の喜びは、ひとしおだったことはいうまでもない。ここに足利本宗家と得宗家との決別が正式に決し、高氏は挙兵を決断したわけだが、これまでの足利本宗家の歩みを顧みると、この高氏の決断は足利本宗家の政治方針の一大転換だったといえる。

義貞の決断

高氏が出陣を命じられた頃、義貞は千早城を包囲する幕府軍のなかにいた。ここで幕府の行く末を見限った義貞は、護良に接触して北条氏追討の令旨を得ると、病気と偽って帰国したという（『太平記』）。しかし、義貞のもとに護良の令旨が届いたのは事実のようだが、『太平記』の記事からは義貞が幕府を見限った理由はよくわからない。

実は、護良の令旨は義貞だけに届けられたわけではなく、幕府軍に加わる武士たちに広く届けられていた。令旨を受け取った義貞をはじめとする幕府軍の武士たちは、一向に好転しない戦況のなか、幕府から離叛する意思が本当にあるのか、おそらく互いに水面下で探り合ったに違いない。その結果、そうした意思を持つ武士が少なからずいることを確認できたことで、義貞は叛意を固めて千早城攻めから離脱し帰国したのだろう（市沢哲、二〇〇八）。あとは「きっかけ」を待つばかりだった。

『太平記』によると、幕府は関東から新たに派遣する軍勢のための戦費を関東近国の荘園に賦課したが、新田荘の世良田宿には六万貫（およそ六〇億円）が賦課された。そこで、出雲介親連《いずものすけちかつら》と黒沼彦四郎入道《くろぬまひこしろうにゅうどう》が徴税使となって世良田宿に乗り込んで来たところ、そのあまりに行きすぎた取り立てに激怒した義貞は、親連を捕縛し、黒沼を斬首に処して、挙兵におよんだという。『太平記』をみる限り、この徴税使の一件が「きっかけ」になったように思えるが、それよりも高氏から届いた挙兵命令の方が重要だったはずである。

すなわち、義貞の挙兵に加わった岩松経家《つねいえ》のもとには、高時追討を命じる四月二十二日付けの高氏の「御内書《ごないしょ》」が届けられていた（「正木文書」）。第一章で述べたように、岩松氏は、足利義氏の異母兄の義純と新田義兼の娘との間に生まれた時兼を祖とする武士である。義純が義兼の娘と離婚して畠山重忠の後室と再婚したため、時兼は母方の新田氏の所領を相続してその庶子家になったが、そのいっぽうで父系でつながる足利氏の庶子家としての側面も持っていたため、高氏から挙兵を呼びかけられたのだった。義貞にも同様の高氏の命令が届けられたかについては明らかにならないが、当時の高氏と義貞は「足利一門」の首長と被官に近い一員という関係にあったことを想起すると、その可能性は高いと考えられる（南北朝期に成立した『保暦間記《ほうりやくかんき》』という歴史書には、義貞が高氏の命令を受けて挙兵したとみえる）。足利本宗家が得宗家と袂を分かち挙兵するという知らせは、義貞に衝撃を与えたことは想像に難くなく、それだけに挙兵を決断させる大きな「きっかけ」になったはずである。徴税使の一件は、それが事実だとしても、挙兵の決断後に起きた些細なトラブルにすぎなかっただろう。

現存する高時追討を命じた高氏の文書は、四月二十七日付けと同月二十九日付けのものばかりである。すると、現存しないのが惜しまれるが、経家宛て（おそらく義貞宛ても）の高氏の追討命令は、もっとも早いものだったことがわかる。前述したように、高氏は十七日に後醍醐に帰順することを伝えているから、二十二日に後醍醐からそれを認める旨の返答を得ると、すぐに経家や義貞に追討命令を発したのだろう。高氏は、最初に「足利一門」に挙兵を呼びかけたのであり、彼らをもっとも頼りにしていたことがわかる。義貞は、高氏がもっとも頼りにする「足利一門」の一人として、挙兵を迎えたのである。

呼応する東西の挙兵

四月二十七日、船上山攻めを装って京を出陣した高氏は、予定通り山陰道を進んで丹波国篠村荘《しのむらのしょう》（現京都府亀岡市）に着くと、ここで公然と反旗を翻した。高氏は、「足利一門」以外の諸国の武士たちにも挙兵を呼びかける文書を発給したのだが、これは後醍醐から諸国の「官軍」を催促・指揮することを一任されたことにもとづく措置だった（『太平記』・吉原弘道、二〇〇二）。

ところで、前述したように高氏は、鎌倉を出陣するにさいし、妻の登子と嫡子の千寿王を人質として鎌倉に留め置いた。したがって、おそらく叛意を固めた時点で彼女たちを救出する方策を講じたはずだが、五月二日の夜半、それは鎌倉からの脱出として決行された（『太平記』）。登子と千寿王は無事に脱出でき、その後千寿王は新田荘の世良田で挙兵する（「鳥巣《とす》無量寿寺《むりょうじゅじ》文書」）。このことから、登子と千寿王の鎌倉脱出には、新田本宗家ないしは世良田氏の手引きがあったとみられる。すなわち、高氏は「足利一門」の彼らに対し、高時の追討とともに登子と千寿王の鎌倉脱出をも命じていたと考えられ、ここからも高氏が彼らを頼りにしていた様子がうかがえるのである。登子と千寿王の脱出により、高氏の離叛が明らかになった。

五月七日早朝、高氏は呼びかけに応じて篠村荘に参集してきた武士たちを糾合し、京の六波羅探題を目指して出陣した。高氏軍は待ち構えた六波羅探題軍と京市中で激戦におよんだが、次第に高氏軍が優勢となり、夜になって六波羅探題の政庁が陥落した。六波羅探題の長官だった北条仲時《なかとき》・時益《ときます》は、持明院統の後伏見《ごふしみ》法皇・花園上皇・光厳《こうごん》天皇を奉じて鎌倉を目指して落ちのびた。しかし、その途中、武装した百姓たちの度重なる襲撃を受けて時益は討ち死にし、仲時も近江国番場宿《ばんばしゅく》（現滋賀県米原市）の時宗《じしゅう》道場において、配下の四〇〇名あまりとともに自害を遂げた。

いっぽう高氏から追討命令を受け取っていた義貞は、六波羅探題の政庁が陥落した翌日の五月八日、新田荘市野井郷《いちのいごう》の生品《いくしな》神社（現群馬県太田市）で挙兵した。高氏と歩調を合わせた挙兵であることは疑いなく、日程についても高氏から指示があったと思われる。義貞は八幡荘に入って上野・越後・甲斐・信濃国の武士たちを糾合すると、一路鎌倉を目指して南下した。これに対して幕府は、武蔵国に軍勢を派遣して迎え撃った。義貞軍と幕府軍は一進一退の攻防を繰り広げたが、義貞軍は十六日に武蔵国府近傍の分倍河原《ぶばいがわら》（現東京都府中市）での合戦に勝利すると、一気に鎌倉へ進撃した。そしてここで、十二日に世良田で挙兵していた千寿王軍が義貞軍に合流した（「大塚《おおつか》文書」）。千寿王は高氏の名代だったため、義貞は千寿王を総大将に擁立し、そのもとで全軍の指揮をとるという態勢を整え、鎌倉の攻防戦に臨むことになった。なお、この頃三河国の矢作宿では、西国の幕府軍の帰東を阻止するべく、足利氏による検問が敷かれていたことが確認できる（「南部《なんぶ》文書」）。高氏が千寿王と義貞の鎌倉攻めをバックアップした様子が具体的に知られ、興味深い。

さて、義貞は全軍を三手にわけ、極楽寺坂《ごくらくじざか》・小袋坂《こぶくろざか》・化粧坂《けわいざか》の三方から鎌倉に攻め寄せた。このうち、新田一族の大館宗氏《おおだてむねうじ》が率いた極楽寺坂方面の軍勢が苦戦したが、二十一日に義貞の軍勢が応援に駆けつけて稲村ケ崎《いなむらがさき》の突破に成功した。義貞の軍勢は人家を焼き払いながら鎌倉市中に侵攻すると、翌二十二日、進退きわまった高時以下の北条一門と被官八七〇名あまりは、得宗家の菩提寺の東勝寺《とうしょうじ》で自害した。そして、二十五日には、これも高氏の挙兵の呼びかけに応じた九州の武士たちの攻撃を受け、博多にあった幕府の九州統治機関である鎮西探題《ちんぜいたんだい》の政庁が陥落した。こうして高氏と義貞の挙兵からわずか二週間ほどで、鎌倉幕府は滅亡したのだった。

2 建武政権での日々

義貞の声望の高まり

鎌倉を陥落させた千寿王と新田義貞の軍勢は、そのまま鎌倉に進駐した。千寿王と義貞のもとに参集していた武士たちは、ここで後日の恩賞・安堵申請に備えて、自らの軍功を記した軍忠状《ぐんちゅうじょう》や参陣した旨を記した着到状《ちゃくとうじょう》を作成し、各合戦の指揮者に提出して証判《しょうはん》（花押《かおう》）を求めた。

彼らが証判を求めた相手は、いずれも義貞をはじめとする新田氏だった。この事実は、義貞を中心とする新田氏が鎌倉攻めを指揮したことを示している。新田氏が与えた証判のなかでも、義貞が与えた証判は大きく、全軍の指揮者（事実上の総大将）という自負が表れているようにみえる。しかし、そのいっぽうで武士たちは、千寿王の鎌倉の陣所となった「二階堂御所《にかいどうごしょ》」やその周辺の警固《けいご》に従事するようになった（「大塚文書」など）。また、彼らのなかには、義貞から証判をもらったのちに、京にいた足利高氏にも着到状を提出して、その証判を獲得した者もいた（「市河《いちかわ》文書」）。後醍醐天皇から諸国の「官軍」の催促・指揮を一任された高氏は、所領安堵の申請に必要な着到認定を後醍醐に代わって行っていたからである（吉原弘道、二〇〇二）。鎌倉攻めに参加した武士たちは、義貞をはじめとする新田氏を合戦の指揮者と認めたものの、後醍醐の軍事指揮権を代行する立場にあった足利氏（高氏）の方を重視したのである。

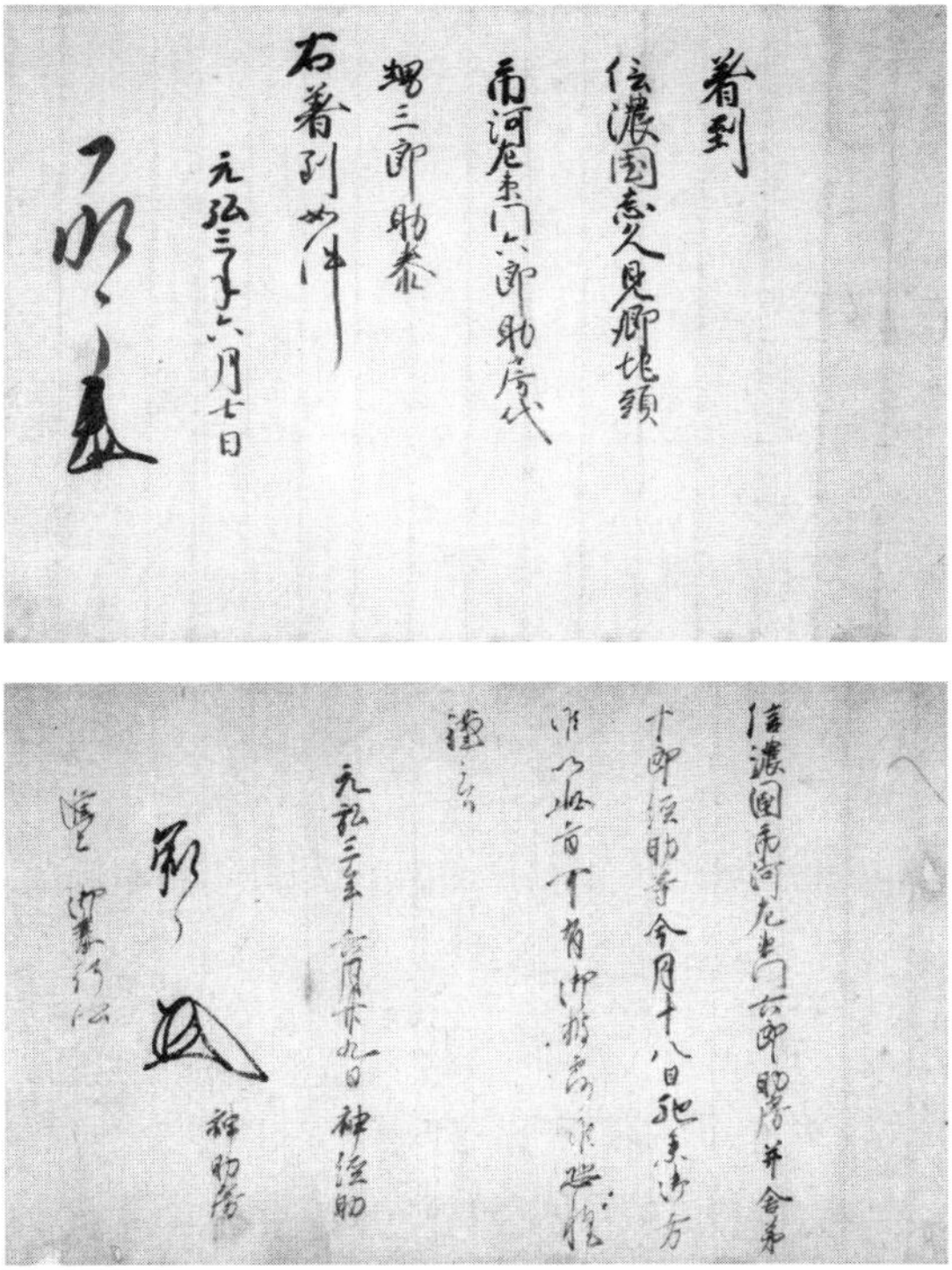

図21　市河助房代助泰着到状（上，新田義貞証判）と市河助房・経助連署着到状（下，足利高氏証判）（「市河文書」本間美術館所蔵）

とはいえ、義貞が全軍を指揮して鎌倉を攻め落としたことは、紛れもない事実となった。義貞は武家としての器量を持つことを証明したわけだが、武士たちもこのことを認め、鎌倉での義貞の声望は日増しに高まっていったと想像される。次の『梅松論』のエピソードは、これを物語るものとして注目される。

鎌倉では連日空騒ぎが起こり、義貞を追討するために京から軍勢が派遣されるという風聞も立ったため、義貞が弁解したことで事態は収まった。
（連日鎌倉中空サハギシテ、義貞御退治ノ為ニ御旗向《おんはたむかう》ヨシ風聞ノ間、義貞被申子細《しさいをもうさるる》アルニヨテ静謐《せいひつ》ス）

空騒ぎの具体的な内容はよくわからないが、義貞が追討されるという噂と義貞の弁解にまで事態が発展した経緯に着目すると、義貞のもとに少なくない武士たちが集まり、不穏な動きをみせるようになったことを示していると考えられる。こうした事態は、義貞が武家としての器量を持つことを武士たちから認められ、その声望が高まったからこそ起きたものだろう。

ところで、右の『梅松論』の記事は、その古態を示すとされる京大本のものである。これに対し、よく引用される流布本の当該記事では、千寿王を補佐するべく高氏から派遣された細川氏の三兄弟が、空騒ぎの原因が義貞にあるとみて尋問し、義貞は野心なき旨の起請文を提出したという内容になっている。両者は内容が異なっているわけだが、史料としての信頼性は古態を示す京大本の方が高いと判断されるため、こちらの記事を採用するべきである。なお、流布本の細川氏にまつわるエピソードは、同氏を顕彰するべくあとから追筆されたものと指摘されている（小川信、一九六九）。

鎌倉を攻め落としたことで、義貞は武家としての器量を持つことを証明し、その声望を高めた。このことが、やがて義貞が朝廷（建武政権）軍の総大将に抜擢され、かつ足利氏から討伐の対象に名指しされる素地になったと考えられる。義貞は高氏の命令にしたがって鎌倉を攻め落としたまでだったが、皮肉にもこの実績が義貞を高氏のライバルの座に押し上げていくことになるのである。

鎌倉将軍府の発足

しかし、この時点における当の義貞には、自らのもとに集まる武士たちを糾合して高氏に対抗するというような野心はなかっただろう。というのも、足利氏との間に横たわる圧倒的な格差を前に「足利一門」の一員という自覚を持ち、さらに今回の挙兵自体が後醍醐の委任を受けた高氏の公的な指示によるものであった以上、義貞は高氏に対抗する発想・正当性を持ちえなかったと考えられるからである。

　鎌倉でふたたび混乱が起きることを懸念したためか、岩松氏を除いた義貞を中心とする新田氏は鎌倉を去り、八月初旬までに京へ上った。これにより、鎌倉と関東は足利氏が掌握することになった。十二月、後醍醐は足利直義を補佐役に副えて、皇子の成良《なりよし》親王を鎌倉に派遣した。こうして鎌倉には、新たに成良を首班とする関東一〇ヵ国（坂東八ヵ国と伊豆・甲斐国）の軍事拠点となる組織（鎌倉将軍府《かまくらしょうぐんふ》）が発足したが、直義が補佐役になったことに表れているように、この組織を支えたのは足利氏だった。後醍醐は、足利氏が鎌倉と関東を掌握しているという現状を追認する形で、鎌倉将軍府を発足させたのである。

　建武政権の規定では、鎌倉将軍府には成良と直義を親衛し、かつ関東一〇ヵ国の治安を束ねた廂番（吉井功兒、一九九三）しか設置されず、政所や引付《ひきつけ》などの行政・裁判機関は設置されないことになっていた（『建武年間記《けんむねんかんき》』）。そのため、関東一〇ヵ国で起きた紛争に対する裁判は、京に設置された建武政権の裁判機関である雑訴決断所《ざっそけつだんしょ》が担うこととされた（阪田雄一、二〇〇七）。

　しかし、いくら建武政権の規定で鎌倉将軍府の活動が軍事面に制限されたとしても、京から派遣された親王を擁する鎌倉将軍府の存在を目の当たりにした関東の武士や寺社は、これを親王将軍を擁した鎌倉幕府の再生と受け止め、ここに訴訟を持ち込んだとしても不思議ではない。実際、元弘三年（一三三三）八月三日付けで発給された弾正忠奉書案《だんじょうのちゅうほうしょあん》（「円覚寺文書」）など、建武元年（一三三四）七月二十七日付けで発給された沙弥奉書《しゃみほうしょ》（「金沢文庫文書《かなざわぶんこ》」）や建武元年（一三三四）七月二十七日付けで発給された沙弥奉書《しゃみほうしょ》（「金沢文庫文書」）など、鎌倉将軍府が関東の武士や寺社からの訴えに対して独自に裁判を行った事例が散見される。鎌倉将軍府が発給したこれらの裁許状は、いずれも鎌倉幕府の引付が発給した文書とほぼ同じ様式・内容であることから、鎌倉幕府の奉行人が鎌倉将軍府にも採用されて裁判を担当したと指摘されている（阪田雄一、二〇〇七）。さらに、足利氏も幕府の奉行人一族を被官としていたことから、彼らも鎌倉将軍府の裁判に加わったと考えられる。

このように鎌倉将軍府は、建武政権の規定では関東一〇ヵ国の軍事拠点となる組織とされたが、鎌倉幕府の奉行人と足利氏の被官になっていたその一族を迎え入れたことで統治能力を備えた組織となり、関東の武士や寺社から持ち込まれる訴訟に独自に対応することができたのである。鎌倉将軍府はまた、鎌倉幕府の将軍御所に設けられた大御厩《おおみまや》（将軍の馬を飼育する施設）を設置するほか、鎌倉大番役（成良の御所の警固）や垸飯役（垸飯儀式費用）という鎌倉幕府の課役を踏襲《とうしゅう》したことも知られている（桃崎有一郎、二〇一四）。鎌倉将軍府を主宰した直義は、統治能力を備えた鎌倉将軍府を鎌倉幕府になぞらえたのは明らかであり、建武政権の意図を超えて政権内に武家政権の再建を目論んだのだった。

尊氏と義貞の軍功評価

話しを少し戻すが、高氏から六波羅探題の政庁陥落の知らせを受けた後醍醐は、船上山から帰京の途についた。船上山に滞在中、後醍醐は自身の捕縛後に即位した光厳天皇の在位中の任官を取り消すことを命じていたが、さらに光厳の即位と正慶年号の無効を宣言した。そして六月四日、後醍醐は鎌倉幕府権力が消滅した京に入り、天皇親政による新政権（建武政権）を発足させた。

倒幕の最大の功労者と認められたのは高氏だった。これは、後醍醐から一任された諸国の「官軍」の催促・指揮を務め上げ、六波羅探題を攻略するという軍功が評価されたことによる。その具体的な様子は、高氏の急激な官位昇進にうかがえる（『足利家官位記《あしかがけかんいき》』）。すなわち、後醍醐が京に入った翌日、高氏は鎮守府将軍《ちんじゅふしょうぐん》に任じられ、あわせて昇殿を許された。一週間後の十二日には、従五位上から正五位を飛び越えて従四位下・左兵衛督《さひょうえのかみ》に叙任《じょにん》された。そして八月五日の叙位《じょい》・除目《じもく》では、さらに従四位上と正四位を飛び越えて従三位・武蔵守に叙任され、一躍公卿《くぎょう》（三位以上の位階を持つ上級貴族）に列せられた。建武政権に加わった武家のなかで公卿になったのは高氏だけであり、高氏は後醍醐から武家の第一人者と認められたのである。なお、この除目のさい、高氏は後醍醐に対しその実名である尊治《たかはる》の「尊」字の使用を申請し、認められている（岡野友彦、二〇一四、以下「尊氏」と表記する）。おそらく、弟の高国も名前を直義と改めたのは、このときのことだったと思われる。

これに対して義貞は、八月五日の叙位・除目において、おそらく従五位下で上野・越後二ヵ国の国司（上野介・越後守《えちごのかみ》）に叙任され、さらに十月末から十一月十日の間に播磨国の国司（播磨守《はりまのかみ》）に任官した（吉井功兒、一九九〇）。大国の播磨国の国守は従五位上に相当するので、このとき従五位上に昇叙したと思われる。そして、翌年二月の叙位では、正五位と従四位下を飛び越えて従四位上に叙された（『異本元弘日記《いほんげんこうにっき》』、最終的に正四位上まで昇った）。鎌倉幕府体制下で無位無官だった義貞は、建武政権下では従四位上という位階を得て貴族に列し、三ヵ国の国司にまでなったのである。新田本宗家の歴代の当主のなかでの最高位階は義重の従五位下であり、国司に任官した者はいなかった。この事実を踏まえると、義貞の官位（恩賞）は尊氏にはおよばなかったものの、義貞もまた倒幕の軍功を正当に評価されたと認めてよいだろう。

なお、建武政権下で洛中《らくちゅう》警固と畿内近国の反乱鎮圧を担った武者所《むしゃどころ》の各番（グループ）の頭人《とうにん》（リーダー）には新田氏の人びとが就任したことから（『梅松論』・森茂暁、一九七九）、新田氏の惣領である義貞が武者所の統轄を任されたとみられる。新田氏は建武政権の軍事警察を担うという重要な役割を任されたわけだが、これも鎌倉を攻略したという軍功が評価されての抜擢だったと理解できよう。

建武政権下の尊氏と義貞

尊氏は建武政権下の武家のなかで唯一の公卿となり、武家の第一人者と認められた。また、鎮守府将軍に任官したことで、征夷大将軍に任じられた護良と並ぶ「将軍」にもなった。こうした立場に照応するように、尊氏は建武政権の軍事部門の責任者となり、後醍醐を補佐した様子が認められる（吉原弘道、二〇〇二・山本隆志、二〇〇五・桃崎有一郎、二〇一四）。

すなわち、尊氏は六波羅探題を攻略した元弘三年（一三三三）五月七日以降、京に「奉行所」を開設して、彼の呼びかけに応じて挙兵した全国の武士たちが提出する着到状を受理し、これに証判を与えて着到認定を行った。また、尊氏は軍忠状も受理し、後醍醐への恩賞申請の仲介も務めた。前述したように、これらの尊氏の行為は、後醍醐から諸国の「官軍」の催促・指揮を一任されたことにもとづくものであり、尊氏が後醍醐の軍事指揮権を代行（後醍醐の還京後は補佐）したと理解できる。尊氏はまた、後醍醐が島津《しまづ》貞久《さだひさ》に「日向・薩摩両国」の警固を命じる綸旨を発給したことを受けて、貞久にこの綸旨を伝達する文書を発給したが（「島津文書」）、これも尊氏が後醍醐の軍事指揮権を補佐したことを示している。そして、建武元年（一三三四）九月、後醍醐が石清水《いわしみず》八幡宮《はちまんぐう》（現京都府八幡市）と賀茂社《かもしゃ》（現同北区）に行幸《ぎょうこう》したさい、前者では「足利左兵衛督尊氏の随兵并《なら》びに（楠木）正成・（名和）長年以下の武士」が警固を担当しており、尊氏がその中心的存在だったことがわかる（『護国寺供養記《ごこくじくようき》』）。いっぽう後者では、尊氏が武田《たけだ》・佐々木《ささき》・千葉・小笠原・宇都宮・島津・小早川《こばやかわ》らの有力武士を統率して、後醍醐を警固した（「小早川文書」）。天皇の親衛隊ともいうべき武者所や窪所《くぼどころ》を差し置いて、尊氏が行幸の警固を務めたことを示すこれらの事例は、彼が建武政権の軍事部門の責任者となり、後醍醐を補佐する立場にあったことを象徴的に示している。尊氏の鎮守府将軍任官は、こうした尊氏の立場を可視化するためだったと考えられる。

『梅松論』には、尊氏が建武政権の中枢を構成する機関のポストに就かなかったことから、人びとは尊氏がそこから不当に排除されたとみなし、「高氏なし」と噂しあったという記述がみえる。しかし実際には、そうしたポストには就かなかったものの、尊氏は鎮守府将軍に任官して軍事面から後醍醐を補佐していたことが明らかであり、政権の中枢から排除されたという見方は成り立たない。また、尊氏は雑訴決断所に自身の中心的な被官だった高氏や上杉氏を送り込んでいるので、間接的ながら政務面からも政権中枢を支えていたことになる。

尊氏は建武政権の軍事部門の責任者となり、後醍醐を補佐した。こうした尊氏の政治的立場に着目すると、武者所を統轄した義貞との関係は次のように理解できる。すなわち、前述したように武者所は洛中警固と畿内近国の反乱鎮圧を担う機関だったため、後醍醐の管轄下に置かれるいっぽうで、政権の軍事部門の責任者となった尊氏の関与（支配）を受ける機関でもあったと考えられる。したがって、武者所を統轄した義貞は、尊氏とは建武政権の官制上において、所管《しょかん》—被管《ひかん》関係にあったと理解できるのである。そしてここには、「足利一門」の首長と被官に近い一員という、尊氏と義貞の関係が反映されているとみることもできるだろう。

護良と尊氏の対立

後醍醐が隠岐国へ流されていた間、畿内の反幕府勢力を組織して倒幕活動を主導したのは護良親王だった。そのため、護良には自分こそが倒幕の最大の功労者という自負があったようであり、尊氏の軍功をもっとも評価する後醍醐のいる京に容易に入ろうとしなかった。『太平記』は、尊氏の誅伐と征夷大将軍の任官を求める護良に対し、後醍醐は後者を認める代わりに前者をあきらめてもらうという条件を飲ませることで、護良の入京を実現させたと伝えている。

護良は征夷大将軍になったものの、尊氏に代わって建武政権の軍事部門の責任者になることはなかった。護良の尊氏への敵視は強まり、建武元年（一三三四）三月、護良は尊氏に対して軍事行動を起こそうとしたが、尊氏を護衛する軍勢の数が多かったため断念した。『梅松論』によると、このとき義貞は楠木正成・名和《なわ》長年《ながとし》とともに護良側に与《くみ》したというが、これが果たして事実なのか、ほかに関連する史料がないため明らかにならない。しかし、かりに護良に与して尊氏を討てたとしても、尊氏にとって代わるのは護良であって義貞ではない。また、後述するように、最終的に義貞は護良の身柄を拘束する側に立っている。これらのことを考え

図22　護良親王像（個人蔵）

合わせると、『梅松論』の右の記述は、のちの尊氏と義貞との対立の伏線として故意に書かれたものと考えられる。

護良は六月にも軍事行動を起こそうとしたが、尊氏の屋敷の警固が厳重だったため、またしても未遂に終わった。『梅松論』は、この護良の軍事行動が後醍醐の意思にもとづいたものだったため、これを知った尊氏が後醍醐に激しく抗議したと伝えている。だが、後醍醐には、軍事面から自身の補佐に忠実に励む尊氏を切り捨てるメリットが見当たらない。したがって、これものちの尊氏の離叛の伏線として故意に挿入されたエピソードと考えるべきだろう。

後醍醐の目には、軍事行動も辞さない護良の尊氏に対する敵対心は政権の足下を揺るがしかねない不安材料に映ったことだろう。十月、護良が皇位を奪おうとしているとの知らせを受けた後醍醐は、護良の捕縛を命じた（『太平記』『保暦間記』）。実際、護良にそのような野心があったかはわからないが、後醍醐はそうした噂が起きたことをきっかけとして、護良の切り捨てを決断したとみられる。後醍醐の命令を受けた武者所の武士によって、護良とその「御内《みうち》の輩《ともがら》」は捕縛された（『梅松論』）。おそらく、義貞をはじめとする新田氏の人びとが、その中心的な役割を果たしたことだろう。この時点の義貞は、尊氏を守る側にいたのである。

国務経験を積む義貞

前述したように、尊氏も義貞も建武政権下で国司に任官した。そのため、両者は在京しながら国司としての仕事(国務)も果たしたが、これまで新田本宗家の当主は国司に任官したことがなかったことから、義貞は拠るべき先例を持たず、不慣れな状態で国務に臨んだと思われる。しかしいっぽうで、このことは義貞にとって国務の経験を積める貴重なチャンスになったはずであり、その遂行に必要な家政機関を整備する契機にもなったと考えられる。そこで、義貞の国務に関係する文書を通覧することで、これらの具体的な様相を確認してみたい。

表1は、義貞が発給に関わった国務に関係する文書を管見の限りまとめたものである。内容をみると、大きく寺社と武士を対象としたものに分類でき、それぞれ次のようになっている。すなわち、前者は所領寄進(№1・25)・所領安堵(№14・17)・住持《じゆうじ》の任命(№16)・造営命令(№18)・濫妨《らんぼう》排除命令(№20・24)・所領引き渡し命令(№21)・訴訟の取り次ぎ(№26)、いっぽう後者は所領安堵(№2〜7・9〜13・15)・濫妨排除命令(№8・19)・所領引き渡し命令(№22・23)である。

これらのうち、数量的にもっとも多い文書は後者の所領安堵に関わるものであり、播

出　典	備　　考
『鎌』32655号・『群馬』574号	同年11月10日付の寄進を承認する後醍醐の綸旨あり
『群馬』573号	同年10月日付伊達道西申状の外題に記す
『鎌』32727号	同年11月日付須和部円教兄弟申状の外題に記す
『鎌』32726号・『群馬』576号	同年11月日付和田茂長女子申状の外題に記す
『鎌』32644号・『群馬』570号	同年10月日付色部長倫申状の外題に記す
『群馬』571号	同年10月日付色部長高申状写の外題に記す
『南関』23号	同年12月日付寺尾光業申状の外題に記す
『南関』44号・『群馬』585号	①義貞の袖判あり ②散位高秀が奉者となる
『南関』29号・『群馬』582号	元弘3年12月日付佐々木加地章氏女子尼明泉申状の外題に記す
『南関』27号・『群馬』579号	元弘3年12月日付和田茂泰後家尼教意代慶雲申状案の外題に記す
『南関』26号・『群馬』580号	元弘3年12月日付和田義成申状案の外題に記す
『南関』28号・『群馬』581号	元弘3年12月日付佐々木加地八郎左衛門入道女子尼浄智申状の外題に記す
『南関』72号	同年3月日付小林重政申状の外題に記す
『群馬』590号・ 『兵庫』正明寺14号	
『熊谷』南室23号	同年4月日付安保信阿代基員申状案の外題に記す
『南関』245号・ 『群馬』608号	『南関』『群馬』は建武2年に比定するが誤り
『兵庫』松原10号	①左京亮某・藤原某が奉者となる ②同年9月29日に豊後三郎に施行を命じる沙弥某(日代)の文書が発給される
『兵庫』伊和12号	沙弥窓円が奉者になる
『南関』225号・ 『群馬』606号	①左衛門尉某・源某・沙弥某が奉者となる ②延元元年（1336）4月21日付の源為経打渡状あり
『群馬』607号・ 『兵庫』松原12号	左衛門尉某・右衛門尉某・散位某が奉者となる

表1　新田義貞国務関連文書一覧

No.	年月日	文書名	対象国	内　容
1	元弘3年11月3日	新田義貞寄進状	播磨	三方西郷を大徳寺に寄進する
2	元弘3年12月5日	上野国宣	上野	伊達道西の所領を安堵する
3	元弘3年12月5日	越後国宣	越後	須和部円教・重信の所領を安堵する
4	元弘3年12月10日	越後国宣	越後	和田茂長女子の所領を安堵する
5	元弘3年12月14日	越後国宣	越後	色部長倫の所領を安堵する
6	元弘3年12月14日	越後国宣写	越後	色部長高の所領を安堵する
7	元弘3年12月16日	上野国宣	上野	寺尾光業の所領を安堵する
8	建武元年2月5日	越後国宣写	越後	和田茂実の訴えを受け，守護代とともに近隣の地頭を動員して，奥山荘金山郷の「悪党」に「治罰」を加えるように目代に命じる
9	建武元年2月14日	越後国宣	越後	佐々木加地章氏女子尼明泉の所領を安堵する
10	建武元年2月14日	越後国宣案	越後	和田茂泰後家尼教意の所領を安堵する
11	建武元年2月14日	越後国宣案	越後	和田義成の所領を安堵する
12	建武元年3月18日	越後国宣	越後	佐々木加地八郎左衛門入道女子尼浄智の所領を安堵する
13	建武元年3月19日	上野国宣	上野	小林重政の所領を安堵する
14	建武元年4月3日	播磨国司庁宣	播磨	正明寺の寺領安堵を留守所に命じる
15	建武元年5月6日	播磨国宣案	播磨	安保信阿の所領を安堵する
16	（建武元年）6月10日	新田義貞長楽寺住持補任状	上野	鈍翁了愚を長楽寺住持に任命する
17	建武元年9月24日	播磨国宣案	播磨	雑訴決断所牒を受け，任耀に「当職幷散在神領講田畠等」を安堵するように目代に命じる
18	建武2年3月13日	播磨国宣	播磨	一宮伊和社の造営を命じる
19	建武2年4月13日	越後国宣	越後	雑訴決断所牒を受け，和田茂実の「濫妨」を退けて，長井斎藤実利に奥山荘黒河条地頭職を引き渡すように目代に命じる
20	建武2年5月20日	播磨国宣	播磨	雑訴決断所牒を受け，河勾宗蓮・親阿の寺領押領（濫妨）を退けるように目代に命じる

『南関』246号・ 『群馬』609号	平某・源某・沙弥某が奉者となる
『南関』258号・ 『群馬』610号	左衛門尉某・源某・沙弥某が奉者となる
『南関』259号	①左衛門尉某・源某・沙弥某が奉者となる ②由良入道は守護代か
『群馬』684号・ 『兵庫』伊和13号	
『群馬』689号・ 『兵庫』伊和14号	
『群馬』693号	

馬県史 資料編6』,『兵庫』正明寺は『兵庫県史 史料編中世2』正明寺文書,『兵庫』
史料編中世3』伊和神社文書,『熊谷』南室は『熊谷市史 資料編２』南北朝・室町

磨・上野・越後の三ヵ国にわたっていることが確認できる。元弘三年（一三三三）七月、建武政権は国司にも安堵業務を行うことを認める法令（いわゆる七月令）を出しており、これを受けて義貞も安堵業務に従事したことがわかる。建武政権の所領安堵方針は、当知行《とうちぎょう》安堵（現有支配を認めること）で一貫しており、被安堵者の申請によって安堵された所領の引き渡し、すなわち沙汰付《さたしづけ》（武力をともなう強制執行）を行う仕組みになっていた（家永遵嗣、二〇一〇）。寺社や武士へ所領を引き渡すように命じる文書は、このことと関係するものであり、義貞は沙汰付の実務を遂行したことが確認できる。また、当知行が侵害されていると

21	建武2年6月19日	上野国宣	上野	後醍醐の綸旨を受け，義貞が了愚に寄進した所領を同人に引き渡すように目代に命じる
22	建武2年7月20日	越後国宣案	越後	雑訴決断所牒を受け，和田茂継に奥山荘中条地頭職を引き渡すように目代に命じる
23	建武2年7月20日	越後国宣案	越後	雑訴決断所牒を受け，和田茂継に奥山荘中条地頭職を引き渡すように由良入道に命じる
24	延元元年3月27日	新田義貞禁制写	播磨	一宮伊和社領での「濫妨狼藉」を禁止する
25	延元元年4月2日	新田義貞寄進状	播磨	神戸郷々司職を一宮伊和社に寄進する
26	延元元年5月8日	新田義貞書状	播磨	官軍が法隆寺領鵤荘を「損亡」したことにつき，法隆寺が訴えてきたことを京の四条隆資へ取り次ぐ

出典の『鎌』は『鎌倉遺文』，『南関』は『南北朝遺文 関東編』，『群馬』は『群
松原は『兵庫県史 史料編中世2』松原八幡神社文書，『兵庫』伊和は『兵庫県史
時代を示し，番号はそれぞれの文書番号を示す．

の訴え（濫妨の訴え）が提起された場合、建武政権はその主張を無条件に認め、沙汰付を命じる方針をとったが、これに関わる文書も寺社・武士の双方にみつけることができる。義貞は、武力を発動して知行秩序を乱す者の排除を実行したのである。

さて、表1に掲げた文書のうち、No.8・17〜23には、義貞の命令を受けて文書を発給した人物（奉者《ほうじゃ》）の名前・署判が確認できる。彼らは、義貞とともに在京して、その国務を補佐した奉行人とみられる。彼らの出自は不明だが、おそらくこれまで国司となったほかの貴族にも仕えてきた者たちと推測される。義貞は、京でこうした国務の実務に精通した人材をリクルートして家

政機関を整備することで、不慣れな国務を遂行することができたと考えられる。なお、岩松氏は倒幕の恩賞として八ヵ国にわたる一〇ヵ所の所領を獲得した（「由良文書」）。このことを踏まえると、二〇ヵ国にわたる四五ヵ所もの所領を獲得した尊氏・直義兄弟（「比《ひ》志島《しじま》文書」）にはおよばなかったと思われるものの、義貞も複数国にわたる相当数の所領を獲得したはずであり、新田本宗家の家政機関にリクルートされた人びとは、これら散在所領の経営にも携わったとみられる。

このように義貞は、国司任官を契機に国務の経験を積むいっぽう、その実務を担う人材をリクルートして新田本宗家の家政機関を整備したのだった。次章で述べるように、やがて義貞は越前国に地域的政治権力の樹立を図るが、この義貞の政治構想は建武政権下における国務経験と家政機関の整備を背景として発想されたものだったと考えられる。

3　死闘のはじまり

中先代の乱　建武二年（一三三五）六月二十二日、後醍醐天皇の命により西園寺公宗《さいおんじきんむね》と日野資名《ひのすけな》・氏光《うじみつ》父子が捕らえられるという事件が起きた（『建武二年六月記』)。『太平記』によると、公宗は逃亡先の陸奥国からひそかに京に来ていた北条高時の弟の時興《ときおき》をかくまい、関東の北条時行《ときゆき》(高時の遺児)・北陸の名越時兼と連携して挙兵の計画を立てていたという。資名は娘を公宗に嫁がせており、こうした姻戚関係からこの計画に氏光とともに加わったのだろう。

例によって真偽は不明だが、公宗らの逮捕と同時に「陰謀輩《いんぼうのともがら》」も逮捕されていること、またこののち実際に時行が挙兵していることを考え合わせると、『太平記』の記述は蓋然《がいぜん》性《せい》が高いと判断される。公宗が当主を務めた西園寺家は、鎌倉幕府体制下で幕府との交渉の窓口となった関東申次《かんとうもうしつぎ》のポストを世襲して、朝廷に重きを成してきた。ところが、建武政権の成立によりその権益を失ったため、公宗は政権の転覆を図ったのだろう。なお、この公宗のクーデター計画には、後醍醐によって天皇の地位を追われた持明院統の光厳上皇も荷担していた可能性が高い(家永遵嗣、二〇一六)。

京での挙兵計画は未然に防がれたものの、翌月、関東では実行に移された。すなわち、信濃国に潜伏していた時行が挙兵し、鎌倉を目指して進撃を始め、いわゆる中先代《なかせんだい》の乱が勃発したのである。義貞と袂を分かち鎌倉将軍府廂番の一番頭人となっていた岩松経家は、いち早く上野国に出陣して迎撃したが、敗れた。武蔵国の女影原《めかげばら》(現埼玉県日高市)へ撤退した経家は、援軍に駆けつけた廂番一番頭人の渋川義季《しぶかわよしすえ》とふたたび時行軍に挑んだもののまたしても敗れ、義季ともども討ち死にした。その後、鎌倉将軍府の軍勢は武蔵国府（現東京都府中市）に拠って防戦に努めたが、時行軍はこれも打ち破って鎌倉に攻め寄せた。鎌倉を支えきれないと判断した足利直義は、成良親王とともに三河国へ退却したが、そのさい、鎌倉に流されていた護良親王を殺害したことは周知の通りである。

三河国に到着した直義は、ここで成良を京へ送還し、兄の尊氏に援軍を要請した。この要請に接した尊氏は、すぐに後醍醐に出陣許可を願い出た。直義の救出という私的な目的もさることながら、建武政権の軍事部門の責任者という自身の公的な立場にもとづき、尊氏は鎌倉の奪還を必須の任務と受けとめたに違いない。出陣許可と同時に、尊氏は征夷大将軍と惣追捕使の任官も後醍醐に求めたが、これは政権からの離脱を予期してのことではなく、政権を代表して出陣する自身の立場を形式的に整え、権威づけるためだったと考えるのが妥当だろう（清水克行、二〇一三）。

しかし、尊氏を鎌倉幕府の首長の地位だった征夷大将軍に任命することで、その武家の第一人者としての立場を名実ともに確立させることの危険性を察知した後醍醐は、これを許さなかった。憤然《ふんぜん》とした尊氏は、八月二日、後醍醐の許可を得ないままに出陣すると、後醍醐は慌てて尊氏を征東将軍に任命し、尊氏の行動を追認した。三河国で直義と合流した尊氏は快進撃を続け、十九日には鎌倉の奪還に成功した。八月末、後醍醐は尊氏の軍功を賞して、従二位の位階を授けた。征夷大将軍の任命をめぐり、尊氏と後醍醐の間には確執が生じたものの、両者の関係に亀裂が入ることはなかったのである。

狙われた義貞

鎌倉を奪還した尊氏は、独自の裁量で配下の武士や寺社に恩賞を与え始めた。これにより、後醍醐と尊氏の関係は一気に緊張の度合いを高めた。なぜならば、建武政権における恩賞給付は、基本的に後醍醐の専権事項とされていたからである。

尊氏の「専横」ぶりを目にした後醍醐は、勅使を鎌倉へ派遣して、恩賞給付は後醍醐が行うことと即時の帰京を命じた。尊氏は殊勝《しゆしよう》にもこれに応じており、後醍醐に叛旗《はんき》を翻《ひるがえ》す意図はなかったようである。しかし、尊氏が京を離れたことを武家政権再建の千載一遇の好機と捉えた直義は、尊氏を説き伏せて鎌倉に留まらせ、若宮小路《わかみやこうじ》の将軍御所跡に尊氏の屋敷を新造するなど、武家政権再建の既成事実を積み重ね、建武政権との対決姿勢を鮮明にしていった（『梅松論』）。

十一月二日、直義はついに新田義貞の討伐を前面に掲げて軍勢催促状の発給を開始し

〔那須文書〕など）、建武政権との戦争に踏み切った。直義が義貞の討伐を目的に掲げて挙兵したのは、むろん天皇である後醍醐との直接的な対決を避けたかったからである。しかし、ここで注目されるのは、このときの直義の軍勢催促状では討伐対象がすべて義貞とされたという事実である。すなわち、建武政権には楠木正成や名和長年などの有力武士がほかにも居並ぶなかで、直義は討伐対象を義貞ただ一人に絞ったのである。

この点に関して、『梅松論』には、義貞率いる建武政権軍が関東に下向するとの情報に接した足利氏陣営が上杉憲房を「義貞の分国上野」の守護に任命したとみえる。しかし、義貞の上野国司の否定を含意する憲房の上野国守護任命は、十一月二日の挙兵時と考えるのが自然である。また、憲房には、越後国司でもあった義貞の所領になっていたと思われる越後国の国衙領が与えられたが（「上杉文書」〈年月日欠〉上杉長棟《ちょうとう》置文《おきぶみ》）、これもこのときのことと考えられる。すると、これらも直義の判断によって決められたと目され、直義がターゲットを義貞ただ一人に絞ったことと関連する処置と捉えられよう。

それでは、直義が義貞を討伐の対象に選んだのは、いったいどうしてなのだろうか。それはおそらく、義貞が鎌倉を攻め落としたことで、自らが武家としての器量を持つことを証明し、さらに後醍醐がその軍功を高く評価したことも加わり、義貞の声望が飛躍的に高まったためと考えられる。また、後醍醐から軍功に相応する位階と所領を与えられたことで、義貞は声望の高まりに見合う政治的地位と経済基盤を築いた点も見逃せない。つまり、倒幕の戦争で挙げた軍功によって、義貞は建武政権のなかで足利氏（尊氏）に次ぐ武家の有力者に成長し、足利氏を脅かしうる存在になっていたと考えられるのである。こうした事態を重くみた直義は、足利氏が主宰者となって武家政権を再建するためには義貞の排除が不可欠と判断し、義貞の討伐を前面に掲げて挙兵したのである。

「足利一門」からの離脱

尊氏・直義が義貞の討伐を前面に掲げて挙兵しようとしているとの知らせは、十一月十日に京に届いた。この日、尊氏から「義貞を追討すべき奏《そう》状《じょう》」が後醍醐のもとに届けられたのである（『神皇正統記《じんのうしょうとうき》』）。尊氏に帰京する意思がないことをみた後醍醐は、十二日に尊氏が建武政権の軍事部門の責任者であることを象徴した鎮守府将軍の官職を剝奪《はくだつ》して北畠顕家《きたばたけあきいえ》に与え、尊氏との決別を表明した。そして、この知らせは後醍醐から義貞にも届けられたはずであり、ここで義貞もまた、同様の決断を下したと思われる。

尊氏との決別という義貞の決断は、これまでの足利本宗家との関係の清算、すなわち「足利一門」からの離脱を意味する。そもそも新田本宗家の「足利一門」意識（義国流清和源氏一門を、足利本宗家の当主を首長とする同族集団とみなす認識）は、足利本宗家との圧倒的な経済・政治的格差を背景に、足利本宗家の庇護下に置かれたことで醸成されたものだった。しかし、これまで述べてきたように、建武政権下で義貞は従四位上の位階と複数国にわたる相当数の所領を獲得し、尊氏に次ぐ武家の有力者に成長した。これにより、新田本宗家は足利本宗家との経済・政治的格差を著しく縮めることができたとみられ、足利本宗家の庇護を受ける必要性もなくなっていたと考えられる。こうして新田本宗家のなかでは、鎌倉末期の「氏」字使用の放棄を端緒とする「足利一門」意識の相対化が加速し、それが尊氏・直義からの「挑戦」を受けて、足利本宗家との関係の清算、すなわち「足利一門」からの離脱という形で実体化するに至ったと理解できよう。

後醍醐のもとには、尊氏の奏状に続いて、「四国・西国ヨリ、足利殿成《なさ》レタル軍勢催促ノ御教書《みぎようしよ》トシテ数十通」が届けられた。尊氏・直義の挙兵が確実なことを知った後醍醐は、皇子の尊良《たかよし》親王を官軍の「上将」（総大将）に、義貞を武士を率いる「大将軍」に任じ、尊氏・直義の追討を命じた（『太平記』）。尊氏が離叛したことにより、義貞がこれに代わって政権の軍事部門の責任者と認められたのである。なお、後醍醐は二十六日に尊氏と直義のすべての官位を剝奪している。

十八日、内裏において出陣の儀式がとり行われ、義貞に天皇の軍事指揮権の象徴である節刀《せっとう》が与えられた。節刀を受け取った義貞は、軍勢を率いて二条河原《にじょうがわら》へ赴くと、二条高《たか》倉《くら》の尊氏の屋敷に被官の船田入道を遣わして鬨《とき》の声を三度あげさせたのち、合戦の合図となる鏑矢《かぶらや》を射させて中門《ちゅうもん》（外門と寝殿の間にある門）の柱を切り落とさせた（『太平記』）。「足利一門」からの離脱の表明であり、義貞はもはや「尊氏の末の一族新田小太郎義貞」（『増鏡』）ではなくなったのである。

東海道と畿内の攻防

後醍醐に叛旗を翻す意思がなかった尊氏は、後醍醐が追討軍を派遣したとの知らせに強い衝撃を受けた。尊氏は深く絶望し、政務のいっさいを直義に譲ると宣言すると、わずかな近臣のみを引き連れて浄光明寺《じょうこうみょうじ》に謹慎してしまった。仕方なく直義が全軍の指揮をとることになり、足利本宗家の重要拠点だった三河国で東海道を進軍してくる官軍を迎撃するべく、被官の高師泰《もろやす》を大将とする軍勢を派遣した。

二十五日、三河国の守護所が置かれた矢作宿に本陣を構え、矢作川を防衛ラインとした師泰に義貞率いる官軍が襲いかかり、合戦の火ぶたが切って落とされた。この矢作川の合戦を制したのは義貞であり、師泰は敗走した。両者は遠江国府（現静岡県磐田市）でふた

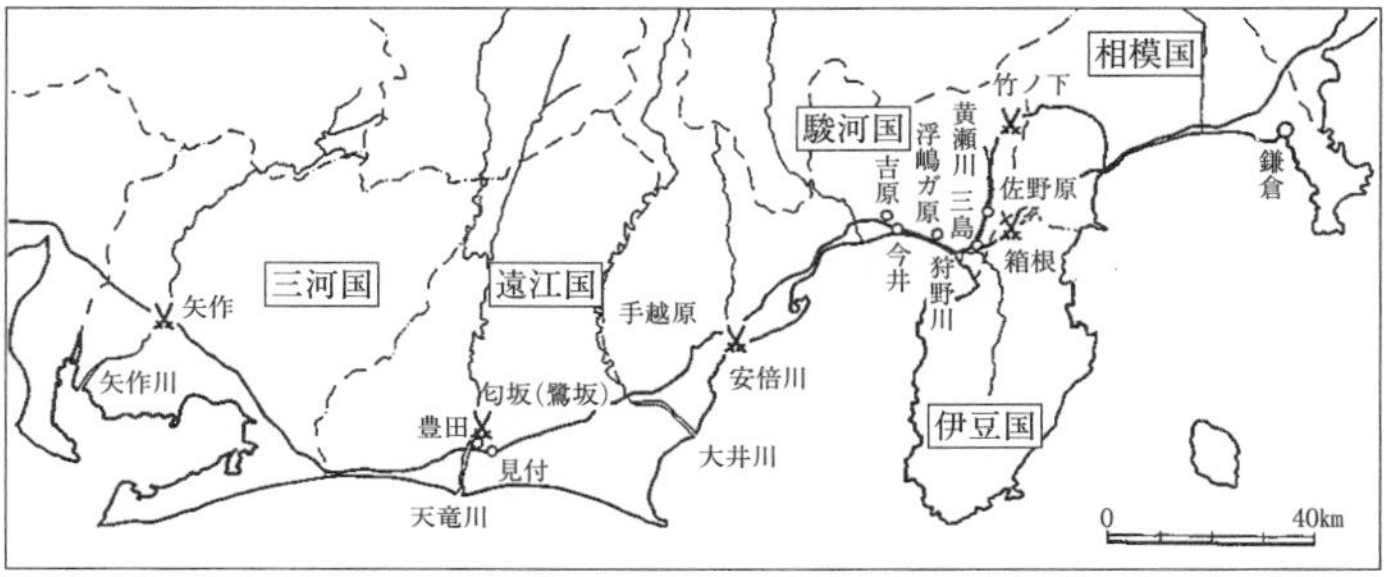

図23　東海道合戦略図（『太田市史 通史編中世』より作成）

たび合戦におよんだが、これも義貞が制し東へ追撃した。矢作川を突破されたとの知らせを受けた直義は、駿河国の手越河原《てごしがわら》（現静岡市）に出陣して義貞を待ち構えたが、義貞はこれも打ち破り、伊豆国府（現同三島市）まで進出した。直義は、伊豆国府と箱根《はこね》峠との中間に位置する水呑《みずのみ》（現同市）に要害を構えて立て籠もり、尊氏に援軍を求めた。

この頃、尊氏は袈裟《けさ》をまとってすでに出家する意思を固めていたが、直義が窮地に追い込まれていることを知ると、後醍醐に弓を引くことへの罪悪感と散々葛藤した末、十二月八日、出陣を決した。十一日、尊氏は足柄《あしがら》峠を越えて竹《たけ》之下《のした》（現同小山町）へ進むと、伊豆国府から足柄峠を目指してきた脇屋義助《わきやよしすけ》（義貞の弟）率いる軍勢と遭遇して合戦となり、これを破った。いっぽう、水呑では義貞が直義を攻め立てていたが、義助の敗報を聞くと伊豆国府へ退き、尊氏と直義を迎撃した。しかし、劣勢をくつがえすことができず、十三日、義貞は義助とともに西へ撤退することにした。これまで足利氏の軍勢催促状は直義が発給していたが、十二月十三日から尊氏も発給するようになったことが確認できる（「大友《おおとも》文書」）。足利勢と官軍の攻守の立場が入れ替わったのを機に、尊氏が足利勢の指揮者として前面に現れたのである。

義貞は尾張国で足利勢を迎撃することを考えたようだが、結局、京まで撤退した。義貞は、瀬田《せた》（現滋賀県大津市）・宇治（現京都府宇治市）・山崎《やまさき》（現大阪府島本町）・大渡《おおわたり》（現京都府八幡市）に軍勢を配置して、足利勢を待ち構えた。年が明けて建武三年（一三三六）正月八日、足利勢が義貞たちの前に姿を現すと、九日から合戦が始まった。大渡と山崎を突破した足利勢は十一日に入京を果たし、後醍醐は東坂本《ひがしさかもと》の日吉社《ひえしや》（現滋賀県大津市）へ退避した。ところが、ここで陸奥国から北畠顕家が大軍を率いて押し寄せ、義貞とともに足利方に与した園城寺を攻め落とすと、そのまま京へ進攻した。これにより、正月末から京市中において合戦が展開し、敗れた尊氏は丹波国へ逃れた。

尊氏は丹波国から摂津国に入り態勢を立て直そうとしたが、義貞・顕家・楠木正成らの追撃を受けた。二月十一日、両者は豊島河原《てしまがわら》（現大阪府箕面市・池田市）で合戦におよび、ふたたび敗れた尊氏は海路九州へ敗走した。尊氏が丹波国へ逃れた時点で後醍醐は京へ戻っており、建武政権には一時の安息が訪れた。

尊氏の逆襲

豊島河原での合戦を控えた二月八日、義貞は次の文書を発給している（「近江寺《きんこうじ》文書」）。

尊氏に味方した凶徒《きようと》たちが摩耶城《まやじよう》に楯籠《たてこ》もったという。すぐにその城に馳《は》せ向《む》かい、軍忠《ぐんちゆう》を尽くすように。

建武三年二月八日　　左中将（新田義貞）（花押）

近江寺衆徒《しゆと》中《ちゆう》

義貞が、播磨国摩耶城（現兵庫県神戸市灘区）に籠もる足利方の赤松円心《あかまつえんしん》を攻めるべく、同国明石《あかし》郡の近江寺（現同市西区）に軍事動員を命じた文書である。取り立てて珍しい文書というわけではないが、注目すべきは、これが義貞が発給した軍勢催促状の初見という事実である。義貞は前年十一月から足利勢と戦ってきたが、これまで義貞自身が軍勢催促状を発給することはなかった。建武政権では、陸奥・出羽両国の統治機関である陸奥《むつ》将《しよう》軍府《ぐんふ》を率いた顕家を除いて、軍勢催促と恩賞給付は一貫して後醍醐の専権事項として維持されたことが知られている（市沢哲、一九九一・亀田俊和、二〇一一）。当初、義貞の軍勢催促状がみられない事実も、このことと関係するのだろう。

ところが、摂津国へ落ちのびた尊氏を追撃するにさいし、義貞は軍勢催促状を発給し始めるのである。これは、義貞が後醍醐に軍勢催促の権限を認めるように申請し、許可されたことを表しており、義貞が前年末の敗戦から学んだ教訓にもとづいた行動と考えられる。すなわち、義貞は、前年末の追討戦では節刀（軍事指揮権）を与えられたものの、軍勢催促の権限までは与えられなかった。これが、箱根・竹之下でのたった一度の敗戦にもかかわらず、追討軍を立て直せないまま一気に京まで撤退せざるをえなかった要因になったと考え、今度の尊氏の追撃にさいしては軍勢催促の権限を認めてもらい、万全を期したのだった。

豊島河原での合戦に勝利した義貞は、安芸国の吉川《きつかわ》氏に軍勢催促状を発給したことが確認できるが（「吉川文書」）、おそらくほかの中国地方の武士たちにも同様の措置をとったとみられる。義貞は、軍勢催促の権限を活用して西へ敗走した尊氏をさらに追撃し、仕留めようとしたのである。

いっぽう尊氏は、巻き返しのための布石を打ってこれに対抗した。すなわち、北条氏与

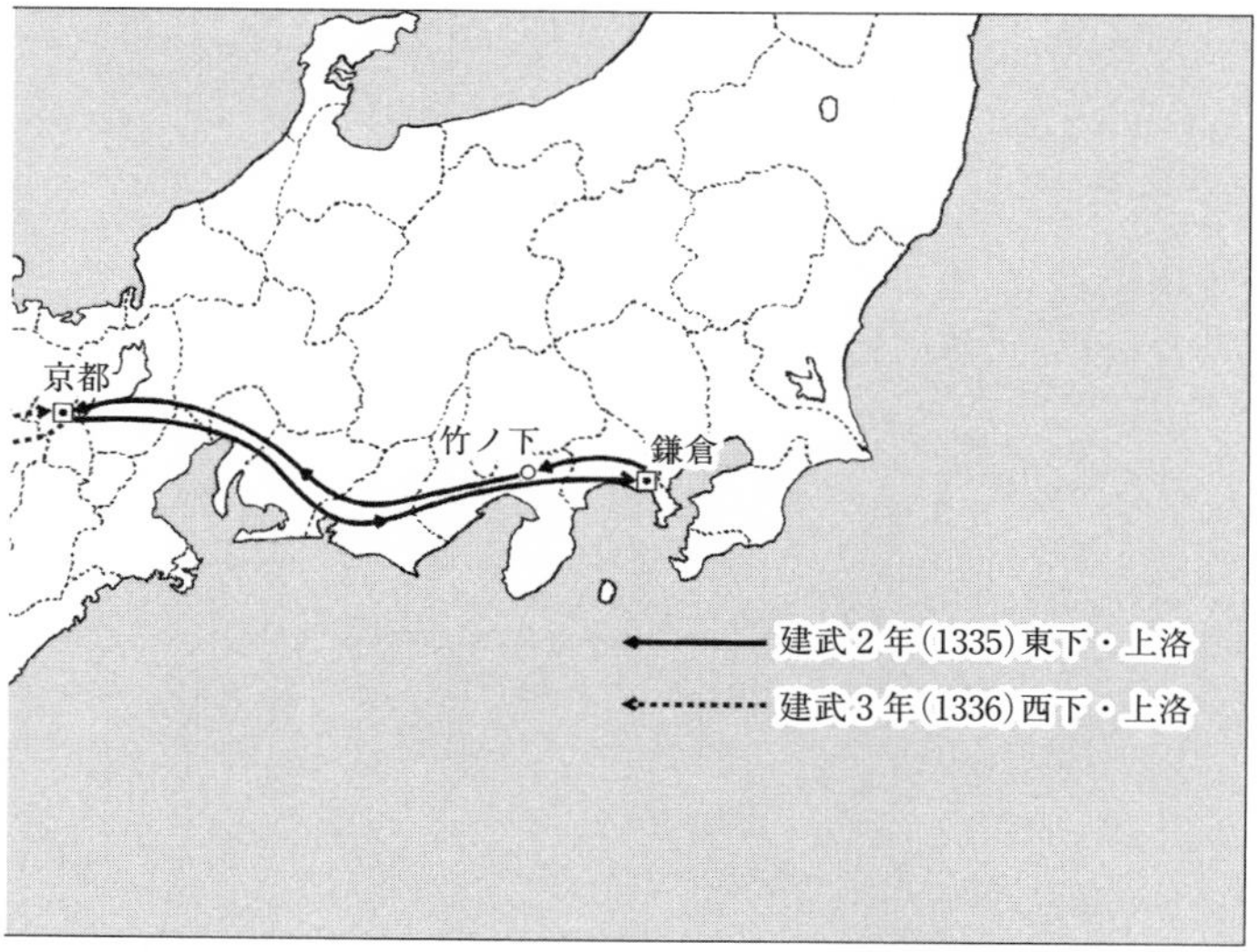

上図（峰岸純夫・江田郁夫，2011）

党と認定されて建武政権に没収された所領の返却を約束した、いわゆる元弘没収《げんこうぼっしゅう》地《ち》返《へん》付《ぷ》令《れい》を発令して、味方となる武士を募ったのである。実際、義貞の軍勢催促状を受け取った吉川氏は足利方についており、これが有効に機能したことが確認できる。巻き返しを図る尊氏の布石の前に、義貞の軍勢催促の効力はかき消されたのだった。

　尊氏の巻き返し策は、元弘没収地返付令にとどまらなかった。光厳上皇の院宣《いんぜん》（上皇の命令）獲得もその一つであり、尊氏は光厳から義貞追討の院宣を獲得することで、自身の

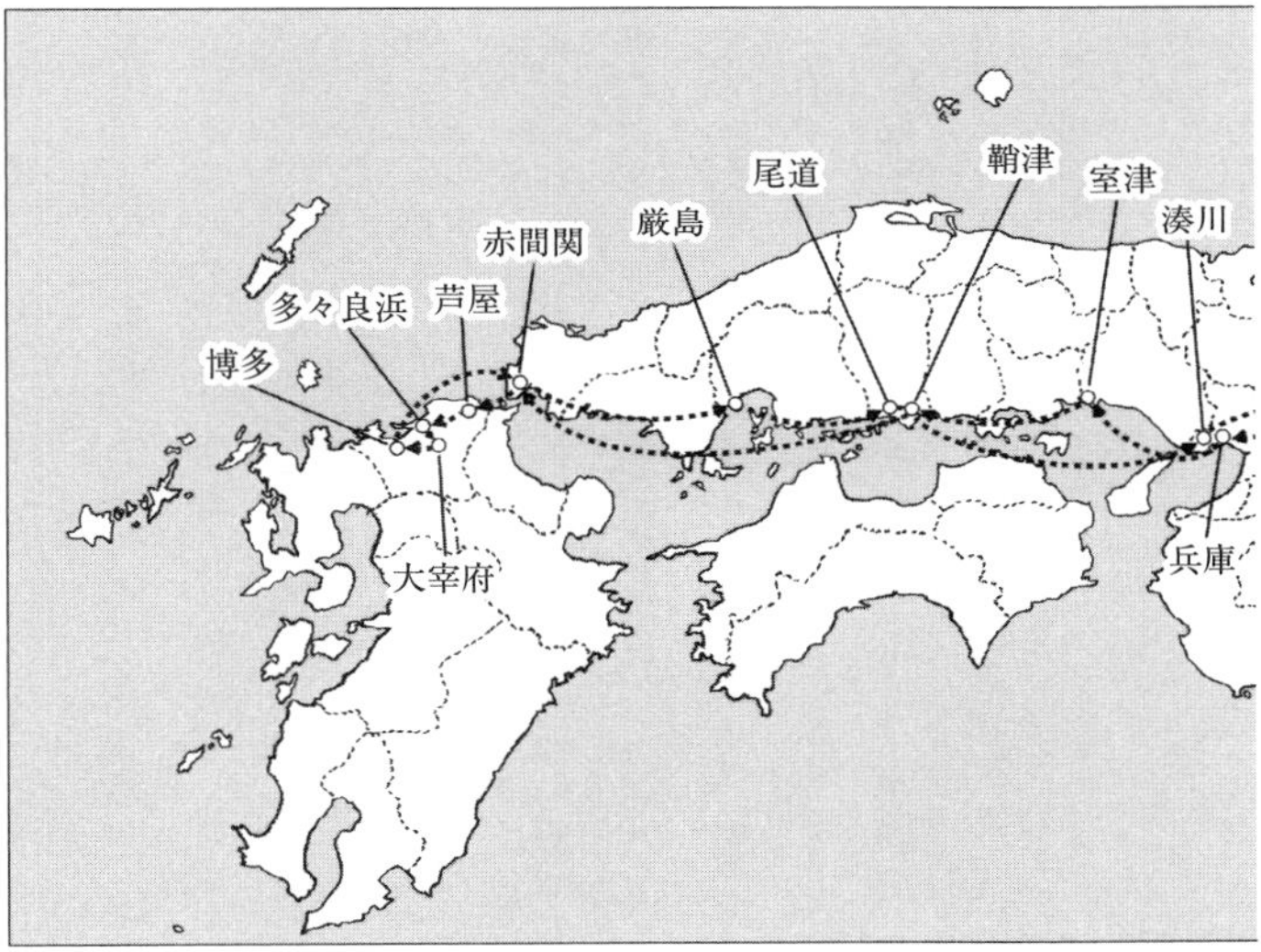

図24　足利尊氏西下・東

挙兵の正当性を確保したのである。

これ以降、尊氏と直義が発給する軍勢催促状には、「院宣」文言が記載されることになった。すなわち、尊氏と直義は光厳の院宣を受けて義貞を討つことになり、後醍醐の綸旨を受けて尊氏・直義を討つ義貞と同じ立場に立ったのである。ここで注目されるのが、尊氏と直義の軍勢催促状には必ずしも「院宣」文言が記載されたわけではなかったが、「院宣」文言が記載された軍勢催促状には、必ず「義貞与党誅伐」の文言が記載されたという事実である（井上信一、一九九四）。これにより義貞は、尊氏・直義の私的な追討対象から、持明院統朝廷（北朝）の公的な追討対象へと、立場を変化させたと把握できる。尊氏と直義は、すでに建武政権（南朝）の公的な追討対象になっていたから、義貞と尊氏・直義は、互いに等しく朝敵になったことになる（なお、義貞誅伐の「院宣」文言がある軍勢催促状は、足利氏の軍事的優位が確定した建武三年〈一三三六〉七月で終了する）。

小弐《しように》頼尚《よりひさ》に迎えられ、二月二十九日に筑前国芦屋津《あしやつ》（現福岡県芦屋町）に上陸した尊氏と直義は、少弐氏の本拠地の大宰府《だざいふ》（現同太宰府市）へ向かった。しかしその途上、肥後国から北上してきた建武政権方の菊池武敏《きくちたけとし》と筑前国多々良浜《たたらはま》（現福岡市東区）で遭遇し、三月二日に合戦におよんだ。激戦の末勝利を収めた尊氏と直義は、所期の目的通り大宰府に入り、一月ほど滞在して九州各地の武士たちを集結した。こうして九州で態勢の立て直しに成功した尊氏と直義は、当時、播磨国白旗城《しろはたじよう》（現兵庫県上郡町）で九州へ追撃に向かう義貞を足止めしていた円心の救援要請を受けて東上を開始した。

この知らせに接した義貞は、義助らを西へ向かわせた。こうして足利勢と新田勢は、五月十八日、備中国福山《ふくやま》（現岡山県総社市）で激突し、死闘が再開された。福山での合戦は足利勢が勝利し、新田勢は備前国三石《みついし》（現同備前市）へ退却した。これにより、義貞は白旗城の攻略を断念して摂津国湊川《みなとがわ》（現兵庫県神戸市中央区・兵庫区）へ退き、正成・義助と合流して、足利勢の迎撃に備えた。二十五日、両者は湊川で激突し、正成は戦死、義貞と義助は京へ敗走した。これをみた後醍醐は、巨大な武力を持つ延暦寺《えんりやくじ》（現滋賀県大津市）へ逃れ、足利勢との攻防の舞台は京とその近郊に移ったのである。

後醍醐と尊氏・義貞

六月十四日、尊氏と直義は再度の入京を果たした。そして八月十五日、尊氏と直義の要請を受けて、京の持明院統朝廷では光厳の院政が決まり、その命令で弟の光明《こうみょう》天皇が即位した。武家政権の再建を目指す尊氏と直義は、まず、その正当性を担保する朝廷の再建に着手したのである。

しかし、朝廷を真に再建するためには、大覚寺統朝廷（後醍醐）との講和が不可欠である。そこで尊氏は、十月に入ると後醍醐に講和を申し入れた。足利勢の再入京後の合戦は、後醍醐方の劣勢に推移していたため、後醍醐は尊氏の要請に応じて京へ戻ることを決し、その道筋がつけられた。十一月二日、京へ戻った後醍醐は光明に三種の神器を引き渡し、太上天皇号を受けた。ここに大覚寺統朝廷も加わった朝廷の再建が果たされ、尊氏・後醍醐・光厳の三者で構成する政権が暫定的に発足したのである（家永遵嗣、二〇〇八）。

ところで、後醍醐の帰京は、義貞を見捨てる行為にほかならなかった。『太平記』は、帰京しようとする後醍醐に対し、激怒した新田一族の堀口貞満《ほりぐちさだみつ》が決死の勢いで抗議する様子を描いている。これが事実を反映した話しか、ほかの史料から明らかにすることはできない。しかし義貞は、自分を建武政権の軍事部門の責任者に取り立て、これまで尊氏と直義の追討に徹してきた後醍醐を信用し、忠実にしたがう意思を持っていたと思われる。したがって、尊氏との講和は義貞にとって青天《せいてん》の霹靂《へきれき》であったに違いなく、激怒しても不思議ではない。右の『太平記』のエピソードは、こうした義貞の心情を反映したものとみられる。

後醍醐の「裏切り」にあった義貞は、ここで「忠臣」であることを辞め行動に出た。すなわち、『太平記』には、貞満の抗議を受けて誤りを悟ったと陳弁した後醍醐は、義貞が朝敵になるのを防ぐべく皇太子恒良《つねよし》親王に譲位するので、恒良をともなって越前国へ向かうように説いたとみえる。しかしながら、この時点で尊氏との講和に応じた後醍醐が、義貞に対し越前国で抗戦を続けるように命じたとは理解しにくいため、このエピソードは事実とはみなしがたい。おそらく、義貞が後醍醐に対し、帰京を認める交換条件として、新天皇恒良のもと越前国で抗戦を続ける意思を示し、認めさせたというのが真相だろう。ここで義貞は、後醍醐と決別したとみられるのである。

さて、義貞を取り除く形で発足した尊氏・後醍醐・光厳の三者連合政権にとって、皇位継承と武家政権再建の問題をいかに解決するかが、その維持に不可欠な課題となった。十一月十四日、光明の皇太子に後醍醐の皇子の成良が立てられた。このことから、皇位継承問題に関しては、持明院統と大覚寺統の両統迭立が三者で合意され、実行に移されたことがわかる。尊氏は、後醍醐の皇統が皇位を継承していくことに了解を与えたのであり、この譲歩と引き替えに武家政権の再建を後醍醐に認めさせようとしたのだろう。

そして、尊氏の配慮は、これだけにとどまらなかった。すなわち、十一月七日、尊氏は再建を目指す武家政権（室町幕府）の重要方針を掲げた建武式目《けんむしきもく》を制定したが、その起草者には建武政権の雑訴決断所にも出仕した後醍醐に近い人物が複数加えられた。また、建武式目には、「遠くは延喜・天暦両聖の徳化を訪ね」るというフレーズが盛り込まれた。これは、尊氏が醍醐《だいご》・村上《むらかみ》両天皇（延喜・天暦両聖）の治世を理想とした後醍醐の政治理念に配慮した政道をとることを表明した「誓約」と理解できる。尊氏は、両統迭立の承認に加え、室町幕府の重要方針が後醍醐の政治理念と親和性を持つことを示すことによって、後醍醐に武家政権の再建を認めさせようとしたのである（家永遵嗣、二〇〇八）。

しかし、この尊氏の切実な想いは、後醍醐に届くことはなかった。十二月二十一日、後醍醐は突然大和国の吉野《よしの》（現奈良県吉野町）へ逃亡し、講和交渉が頓挫《とんざ》したのである。たとえ自身の皇統の存続が認められたとしても、皇位継承が武家政権の了解のもとで行われるという仕組みについて、後醍醐はどうしても容認することができなかったのだろう。ここに三者連合政権は崩壊し、後醍醐・尊氏・義貞はそれぞれの思惑を抱えて、次のステージへ進んでいくこととなった。

四　足利氏の時代へ

1　新田氏の苦闘

「北陸王朝」構想

後醍醐天皇と決別した新田義貞は、恒良親王をともなって越前国へ下った。越前国は、建武政権下において弟の脇屋義助が国司（越前守）を、一族の堀口貞義（貞満の父）が守護を務めたため（吉井功兒、一九九三）、義貞が足利氏と対峙する拠点を構築するのに適した国だった。当初、義貞は国府（現福井県武生市）に入ろうとしたが、足利方が押さえていたため断念し、建武三年（延元元年＝一三三六）十月十三日（実際は十日か）、気比社《きひしゃ》大宮司の気比氏治《うじはる》に迎えられて敦賀《つるが》（現同敦賀市）に入った（『太平記』）。

気比社の裏手の山上に築かれた金ヶ崎城《かねがさきじょう》を拠点とした義貞は、嫡子の義顕《よしあき》を越後国へ下

図25　金ヶ崎城遠景（金崎宮提供）

し、弟の義助を足利方が押さえる越前国府の手前に位置する杣山城《そまやまじょう》（現同南越前町）に遣わすように指示した。義貞の当面の目的は、越前国府を攻略し、国内の足利方の武士・寺社を追討することで、越前国を勢力下に置くことだったはずであり、義助の杣山城派遣はその布石とみられる。いっぽう、越後国は、建武政権下で義貞が上野国とともに国司として国務をとった国であり、新田氏の影響力が強くおよんでいたことから、義顕を派遣することで同国の武士・寺社を動員しようとしたのだろう。

義貞はまた、次に掲げる史料にみえるように、陸奥国の武士に対して軍勢催促を行うほか、陸奥将軍府を率いる北畠顕家に対しても京への共同進攻を提案しており（「結城古文書写」）、陸奥国の諸勢力とも連携しようとしていたことが知られる。これらのことから義貞は、越後・上野・陸奥国の諸勢力と連携しつつ越前国を制圧し、ここに恒良を頂点とした自立的な地域的政治権力を樹立することを目指したと考えられる（山本隆志、二〇〇五）。

こうした義貞の政治構想は、建武政権下で国務の経験を積み、その実務を担う人材をリクルートして家政機関を整備したことを背景に、実現可能な具体策として発想されたものであり、決して机上の空論ではなかった。義貞の越前下向とほぼ同時に、足利氏は越後国内にいる義貞配下の「守護・目代等」の攻撃を命じており（「市河文書」）、義貞との連携を未然に断とうとした事実からも、それは明らかである。この足利氏の迅速な対応が奏効したのだろう、義顕の越後下向は実現しなかった。

さて、前章で述べたように、義貞は後醍醐と決別するにさいし、恒良を新たな天皇に擁立することを認めさせた。次の史料は、このことを実際に示すものである（「白河《しらかわ》結城文書」）。

尊氏・直義以下の朝敵を追討する事について。先だって天皇がお命じになられた通りですが、重ねて綸旨を送ります。先月十日、越前国敦賀津に臨幸《りんこう》されました。すぐに敦賀津へ参陣して、朝敵を誅伐《ちゆうばつ》してください。恩賞は天皇が申請にもとづいてご判断されるとのことです。

延元々年十一月十二日（一三三六）　　右衛門督（新田義貞）在判《ありはん》

結城上野入道（宗広）殿

陸奥国白河荘（現福島県白河市）の結城宗広《むねひろ》に対し、敦賀津への参陣を命じる「綸旨」に添えられた、義貞の副状《そえじよう》である。当時、敦賀津に滞在して「綸旨」を発給できた人物は、後醍醐から譲位されたとされる恒良しかありえない。この史料ではさらに、恒良の越前下向のことを、天皇の移動を表す「臨幸」とも表現している。果たして恒良が実際に即位したのかについては不明であるものの、これらのことから、少なくとも恒良自身とそれを支える義貞は、恒良の即位を認めていたのは確実といえる。義貞は、自身の認識として確かに「天皇」を擁立していたのであり、義貞が越前国に構想した地域的政治権力は、「北陸王朝」とも呼ぶべきものだったといえよう。

このように義貞は、独自の天皇を擁立して、越前国に自立的な地域的政治権力を樹立しようとしたのだった。独自の天皇を擁立して行動を起こしたという点は、持明院統の天皇を擁立した足利尊氏と何ら変わるところがない。だが、義貞の政治権力は、尊氏のそれに匹敵するような幕府権力に展開することは難しかっただろう。なぜならば、鎌倉幕府の中枢から排除された新田氏は、足利氏のように政権運営および幕府制度のノウハウを蓄積することができなかったうえに、「北陸王朝」には政権運営の実務と幕府制度の運用を担った幕府奉行人の姿がみえないからである。

「北陸王朝」が足利氏に匹敵する政治権力になる可能性は低く、また越後国との連携を未然に断ち切ったことで、尊氏は当初、これをさほど脅威に感じることはなかったと思われる。ところが、後醍醐が京から吉野へ逃れたことで、尊氏の認識は一変する。

「北陸王朝」と尊氏

吉野に逃れた後醍醐は在位を主張したことで、大覚寺統は後醍醐皇統と恒良皇統とに分裂した。すでに天皇家は、持明院統と大覚寺統とに分裂していたが、これに大覚寺統の分裂が加わる事態となったのである。

後醍醐の逃亡によって尊氏との講和交渉は頓挫し、成良親王は光明天皇の皇太子の地位を廃された（『皇代暦』）。しかし、その後も皇太子は空位とされ、事実上、成良の皇太子在位を認める状況がつくられた。これは、尊氏が後醍醐との講和交渉の再開を期待していたことの表れであり、講和交渉は打ち切りではなく、凍結にとどめられたのである。

後醍醐との講和実現に固執する尊氏は、ここで「北陸王朝」の打倒に動き出す。尊氏が大覚寺統の正統な天皇と認め、講和交渉の相手としたのは後醍醐だった。ところが、金ヶ崎城に拠る「天皇」恒良はその後醍醐を相対化する存在だったため、後醍醐との講和が実現できていない現状において、尊氏はこれを大きな障害と認識したからである。また、古代以来北陸道方面の租税は、越前国の敦賀津で陸揚げされ、琵琶湖を経由して京へ運ばれた。「北陸王朝」は敦賀津を押さえたため、今後、北陸道方面からの年貢が京に入ってこなくなるという事態も憂慮《ゆうりよ》されただろう。「北陸王朝」の速やかな打倒が、尊氏の喫緊の課題となったのである。

『太平記』によると、金ヶ崎城攻めには、北陸道・丹波・美作・但馬・若狭・丹後・四国・美濃・尾張・遠江・信濃・出雲・伯耆という広域にわたる地域の武士たちが動員され、総勢六万騎余におよんだという。『太平記』は、金ヶ崎城攻めを足利氏の総力をあげた戦いとして描いているわけだが、実際の合戦の様相はこれと大きく異なったようである（田中大喜、二〇一七）。

すなわち、金ヶ崎城攻めに関係する一次史料から、これに参加した武士たちの顔ぶれを

表2　建武4年金ヶ崎城攻め参加武士一覧

No.	人　名	本　国	典拠史料	出　典
1	比志島範平	薩　摩	建武3年12月23日付足利直義軍勢催促状	『南九』815号
2	本田久兼	薩　摩	建武3年12月23日付足利直義軍勢催促状写	『南九』816号
3	武光重兼	薩　摩	建武4年2月12日付足利直義軍勢催促状	『南九』848号
4	新田宮執印友雄	薩　摩	建武4年2月12日付足利直義軍勢催促状	『南九』849号
5	牛屎高元	薩　摩	建武4年2月12日付足利直義軍勢催促状写	『南九』850号
6	久下重基	丹　波	建武4年3月5日付仁木頼章感状	『熊谷』南室81号
7	久下貞重	丹　波	建武4年3月10日付足利尊氏袖判下文案	『熊谷』南室82号
8	久下幸与	丹　波	同上	同上
9	久下大進坊	丹　波	同上	同上
10	延時信忠	薩　摩	建武4年3月6日付延時信忠軍忠状	『南九』866号
11	莫祢円也	薩　摩	（年月日欠）莫祢円也軍忠状写	『南九』867号
12	莫祢政貞	薩　摩	（年月日欠）莫祢政貞軍忠状写	『南九』868号
13	菱苅孫三郎	大　隅	建武4年3月日付牛屎高元軍忠状	『南九』907号
14	野口平三郎	不　明	同上	同上
15	諏訪部信恵	出　雲	建武4年3月日付諏訪部信恵軍忠状写	『南関』671号
16	山口入道	出雲ヵ	同上	同上
17	高井左近将監	出雲ヵ	同上	同上
18	多胡弥太郎	出雲ヵ	同上	同上
19	中沢神四郎	出雲ヵ	同上	同上
20	多胡四郎	出雲ヵ	同上	同上
21	山口三郎	出雲ヵ	同上	同上
22	片山孫三郎	出雲ヵ	同上	同上
23	笹生七郎入道	出雲ヵ	同上	同上
24	市河親宗	信　濃	建武4年3月日付市河親宗軍忠状	『南関』674・675号
25	村上房義	信　濃	同上	同上
26	植野朝親	信濃ヵ	同上	同上
27	市河経助	信　濃	建武4年3月日付市河経助軍忠状	『南関』676・677号
28	市河助房	信　濃	建武4年3月日付市河房助代小見経胤軍忠状	『南関』678・679号
29	宮里彦七	薩摩ヵ	建武4年4月日付本田久兼軍忠状写	『南九』926号
30	東条七郎	薩摩ヵ	同上	同上
31	豊後弥三郎	薩摩ヵ	同上	同上
32	泉弥三郎	不　明	同上	同上
33	和田九郎	不　明	同上	同上
34	知覧院式部三郎	薩　摩	建武4年5月27日付足利直義感状	『南九』957号
35	井手籠久秀	薩　摩	建武4年5月27日付足利直義感状	『南九』958号

出典の『南九』は『南北朝遺文 九州編』，『熊谷』南室は『熊谷市史 資料編2』南北朝・室町時代，『南関』は『南北朝遺文 関東編』を示し，番号はそれぞれの文書番号を示す.

検出してみると、彼らは薩摩・大隅・丹波・出雲・信濃の武士であり、都合三五名を数えるにすぎないのである（表2）。むろん、これで金ヶ崎城攻めに参加したすべての武士を網羅できるわけではないが、『太平記』と比べると動員地域は著しく限定されており、総勢もはるかに少なかった様子がうかがえよう。また、『太平記』にはみえない、九州の武士の姿が確認できることも注目される。これらのことから、『太平記』の金ヶ崎城攻めの記述とその実際の様相との間には大きな隔たりがあり、実際の合戦は『太平記』が語るような大がかりなものではなかったと考えられる。『太平記』の記述は、尊氏が金ヶ崎城の攻略を政治的に重視したことを示すレトリックと理解するべきだろう。

それでは、足利氏による金ヶ崎城攻めの実際の軍事動員のあり方とは、いかなるものだったのだろうか。このことを探るべく、金ヶ崎城攻めに参加した武士たちの軍忠状をみてみると、次のような記述が目にとまる（「市河文書」）。

村上河内守信貞《むらかみかわちのかみのぶさだ》の配下に入り、信州で忠節を尽くしました。信貞の参洛に同道したところ、新田義貞を誅伐するため、去る正月一日、高越後守殿（師泰）の軍勢が出陣されるとのことだったので参陣しました。

これは、金ヶ崎城攻めに参加した、信濃国の武士である市河経助《つねすけ》の軍忠状の一節である。当初、経助は村上信貞に従って同国で軍事活動に従事していたが、やがて信貞とともに上洛したところ、京では義貞追討のための軍勢が出陣しようとしていたので、これに加わったとみえる。つまり、経助は自発的に上洛したところ、思いがけず金ヶ崎城攻めに遭遇したため、これに加わったまでだったのである。このことは、足利氏が遠方の国の武士にまで軍事動員をかけるようなことはせず、建武三年（一三三六）末の時点で在京していた武士たちを動員して、金ヶ崎城攻めに臨んだことを示している。

尊氏は金ヶ崎城の攻略を政治的に重視していたにもかかわらず、なぜこのような軍事動員をしたのだろうか。それは、右の経助の行動からもうかがえるように、建武三年時の列島各地では後醍醐方と足利方との抗争が広く展開していたため、尊氏は各地の武士に軍事動員をかけることが不可能だったからである。したがって、尊氏は膝下にプールされていた軍事力に頼らざるをえなかったのだが、これはいっぽうで迅速な軍事行動を可能にしたとも考えられる。一見すると、尊氏にとって不都合な軍事動員にみえるが、「北陸王朝」の速やかな打倒のためには、結果的に合理的な軍事動員になったといえよう。

図26　杣山城遠景

義貞と顕家

建武四年（延元二年＝一三三七）三月六日、足利方の攻撃の前に金ヶ崎城は落城した。恒良は捕らえられ、義顕は自害したが、義貞は義助と連携を取るべく、落城前に杣山城へ赴いていたため無事だった。「天皇」恒良を失ったことで、「北陸王朝」という義貞の政治構想はいったん瓦解《がかい》したが、義貞はすぐに再起へ向けて動き出す。

すなわち、金ヶ崎城落城直後の三月十四日、義貞は越後国の南保《なんぼ》重貞《しげさだ》に対し、守護《しゅご》代《だい》に任じた佐々木忠枝《ただえだ》に合力するように命じており、越後国で軍事活動を再開したことが知られるのである（「三浦《みうら》文書」）。この頃、越後国では、式部《しきぶ》卿《きょう》親王の子息の

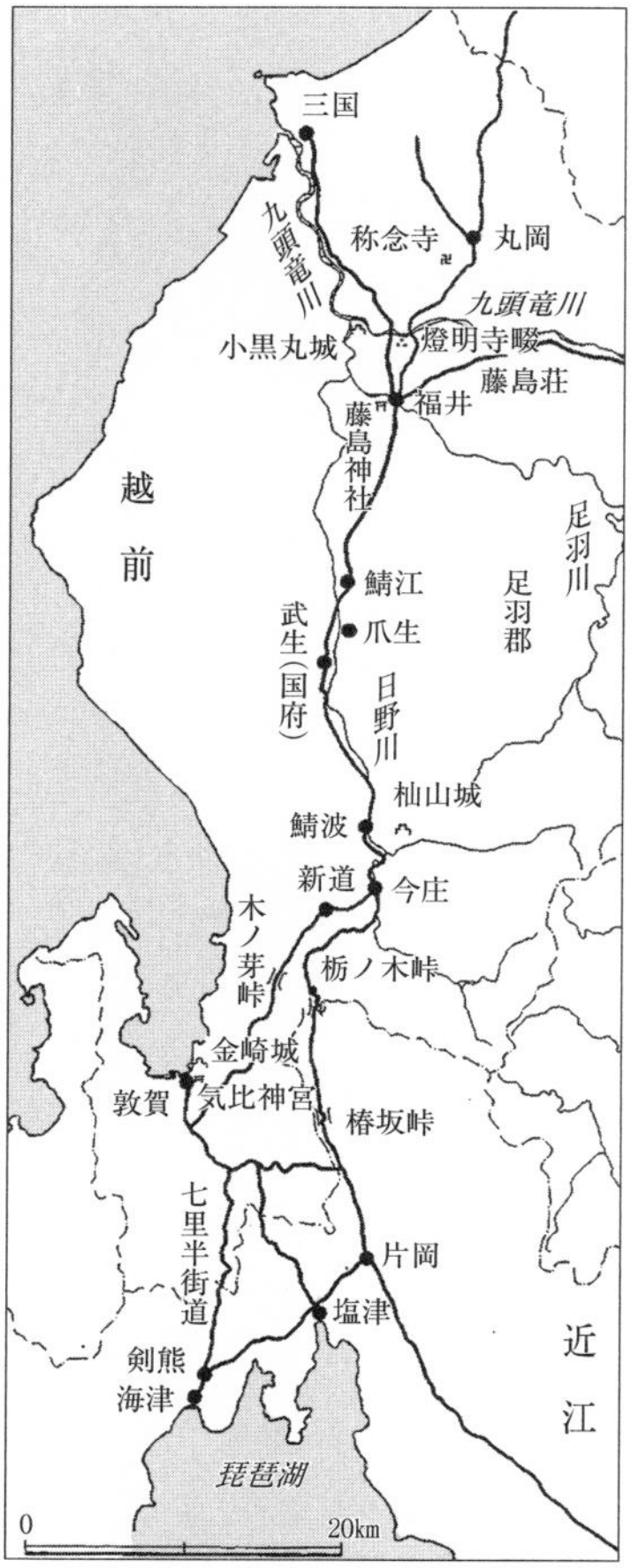

図27　越前国関係図（『太田市史 通史編中世』より作成）

明光宮《めいこうのみや》なる人物が足利方の追討に活動していた（「村山《むらやま》文書」）。義貞が越後国で再起の第一歩を記したのは、明光宮と合流して彼を恒良に代わる権威として擁立し、地域的政治権力の再建を図ろうとしたからかもしれない。しかし、実際に義貞が明光宮を擁立した形跡は確認できない。

結局、義貞は新たな権威を擁立することなく、越前国でも軍事活動を再開した。これに対して、尊氏は斯波高経《たかつね》を守護に任じて越前国へ下らせ、義貞が籠もる杣山城を攻撃させた。しかし、越前国内には義貞に呼応する勢力も多かったため、杣山城は落城しないばかりか、翌年二月に義貞は高経を破って越前国府を攻略した。これにより軍事的主導権を握った義貞は、四月までに金ヶ崎城を奪還し、高経を越前北部の足羽《あすわ》郡へ追った。

この間、陸奥国から二度目の上洛戦を敢行した顕家は、美濃国青野ヶ原《あおのがはら》（現岐阜県大垣市）で足利軍を破っていたが、顕家軍には上野国で挙兵した義貞の次子義興《よしおき》も加わっていた。このことから、義貞は顕家との合流を考えていたとみられるが、義貞は後醍醐と決別していたことを踏まえると、それは後醍醐の意図する京の奪還のためではないだろう。顕家は後醍醐の皇子の義良《のりよし》親王を奉じていたことに着目すると、義貞の合流目的は、顕家とともに義良を擁立して越前国に地域的政治権力を再建することにあったと考えられる。義貞が明光宮を擁立しなかったのは、顕家との合流に考えを改めたためかもしれない。いずれにせよ、顕家と合流して越前国を制圧してしまえば、京の奪還は義貞にとって容易と認識されたはずである。しかし、顕家は義貞との合流を拒否した。『太平記』はその理由を、顕家が自分の軍功を義貞に持っていかれるのを嫌ったためと伝えている。しかし、顕家の上洛は後醍醐の要請に応じたものだったことを踏まえると、顕家が後醍醐と決別していた義貞と合流することは、そもそもありえなかっただろう。

顕家との合流に失敗した義貞だったが、高経との戦いは優勢を保ち、吉田《よしだ》郡の藤島荘《ふじしまのしょう》（現福井市）をめぐる攻防戦を展開した。しかし、その最中の閏七月二日、義貞は不慮の戦死を遂げてしまった。いっぽう顕家も、畿内への進攻を果たしたものの、義貞戦死のおよそ二ヵ月半前の五月二十二日、和泉国堺浦《さかいうら》（現大阪府堺市）で戦死した。

義貞の死後も、新田氏は義助を中心に攻勢を続け、暦応二年（延元四年＝一三三九）七月には高経の拠点だった黒丸城《くろまるじょう》（現福井市）を落とし、高経を加賀国へ追った。これにより、新田氏はついに越前国の制圧に成功したのだが、まもなくして足利氏の反攻を受けた。守護の高経は加賀国に追われていたため、足利氏は近江国や能登国などの越前隣国の武士を動員して反撃に臨み、翌年十月までに新田勢を一掃したのだった。

講和交渉の打ち切り

義貞と顕家を討ったことで、足利氏は戦局をほぼ決する戦果をあげた。これにより、尊氏は後醍醐との講和交渉の再開を期待した。ところが、後醍醐は改めて各地に皇子と近臣を派遣し、尊氏に対抗する新たな戦略を展開し始めた。後醍醐は、尊氏が望む講和をあくまでも拒否して、武力決着の道を選択したのである。

こうした状況のなか、建武五年（延元三年＝一三三八）八月十一日、尊氏は光明から征夷大将軍に任じられ、名実ともに武家政権の再建を果たした。そして、その二日後、光厳の皇子の益仁《ますひと》親王が皇太子に立てられた。後醍醐に講和に応じる意思がないと悟った尊氏は、後醍醐を排除して武家政権の再建と持明院統による皇位継承に踏み切り、後醍醐との講和交渉を打ち切ったのである（家永遵嗣、二〇〇八）。後醍醐が死の床に就いたのは、その翌年八月のことだった。

心ならずも後醍醐に敵対したためだろう、尊氏の後醍醐への追慕《ついぼ》の念は深かった。後醍醐死去の知らせに接した尊氏は、幕府内に七日間の政務停止を命じ、四十九日の仏事を行うほか、百箇日には等持院《とうじいん》（現京都市北区）において大規模な法要を行った。また、前章で述べたように、尊氏の「尊」字は、後醍醐の実名尊治の一字を許されたものだが、尊氏はこの名前を終生使用し続けた。この事実をみても、尊氏がいかに後醍醐に想いを寄せていたかが想像されよう。しかし、この尊氏の想いは後醍醐に届くことはなかったのであり、尊氏は後醍醐の徹底抗戦の遺志を引き継いだ者たちとの戦いに臨んでいくことになる。

常陸合戦と義興

後醍醐の新戦略の一環として、顕家の弟の北畠顕信《あきのぶ》が鎮守府将軍に任じられ、義良を奉じて父北畠親房《ちかふさ》とともに陸奥国へ下向することになった。顕家の戦死後、吉野に戻っていた義興は、義良の弟の宗良《むねよし》親王らとともにこれに同

図28　小田城遠景（つくば市教育委員会提供）

行することになったが、後醍醐から北条時行とともに関東八ヵ国の平定を命じられたという（『太平記』）。建武五年（延元三年＝一三三八）九月十二日、顕信一行は伊勢国大湊《おおみなと》（現三重県伊勢市）から海路東国を目指して出航した。ところが、遠江沖で暴風に遭い、義良と顕信は伊勢国へ吹き戻され、義興は武蔵国に、宗良は遠江国に漂着し、親房のみが目的地の常陸国にたどり着いたのである。

常陸国で小田治久《おだはるひさ》に迎えられた親房は、その居城小田城《おだじょう》（現茨城県つくば市）に入った。ここで親房は、陸奥国白河荘の結城親朝《ちかとも》（宗広の子）と連携しつつ、積極的な軍事活動を展開した。この事態を受けた尊氏は、執事の高師直《もろなお》の従兄弟で養子でもあった師冬《もろふゆ》を幕府軍の大将に任じ、関東へ派遣した。暦応二年（延元四年＝一三三九）六月、鎌倉に入った師冬は、九月に武蔵国村岡宿に進んで同国の武士たちを糾合し、常陸国へ進攻する軍勢を編成すると、十月に鬼怒川《きぬがわ》を越えて下総国駒舘城《こまだてじょう》（現同下妻市）への攻撃を開始した。ここに、四年におよぶ親房との戦闘の幕が開けた。

この常陸合戦の最中、武蔵国に漂着後行方をくらませていた義興が常陸国に姿を現した。義興は独自の行動をとったようであり、親房は親朝に宛てた書状のなかでその様子を次のように伝えている（「結城文書」）。

吉野を出た近衛前左大臣（経忠）が何事か画策し、その使者が関東のあちこちを廻っています。その内容は、「藤原氏の者たちはそれぞれに一揆を結び、そのうえで近衛が天下を取り、小山氏を坂東の管領にする」というものです。この使者は小田氏のもとにも来て、その後小山氏のもとへ向かいましたが、小山氏は承諾しなかったそうです。一揆のことは日頃から噂になっていましたが、近衛の使者がやって来たことででたらめな話しが充満しています。（中略）義興のことも、もちろんでたらめな話しです。義興の家人のなかにはよからぬ事を強行する者がいて、吉野に参上し「小山朝氏が味方に付いて義興に属したので、廷尉に任じていただきたい」と急ぎ申請したといいます。まったく無礼な行いであり、道理に合っていません。

親房は後醍醐の徹底抗戦の遺志を引き継ぎ南朝の主戦派となったが、南朝のなかにはこれに反対する勢力もいた。右の書状にみえる近衛経忠《このえつねただ》もその一人であり、経忠は藤原氏（近衛家・小山氏・小田氏は藤原氏の一族）の一揆（団結）を画策して、親房の東国での活動を阻害しようとしたのだった（伊藤喜良、二〇〇一）。そして、この経忠の画策に関係する形で義興が現れるのだが、義興は下野国の有力武士の小山氏と接触していた様子がうかがえる。義興と小山氏との関係について、親房は別の書状で次のようにも述べている。

小山氏の周りではいろいろとでたらめな話しがあります。一つは一族で一揆してわれわれとは別の行動をしようとしていること、もう一つは義興をその盟主に立てようとしていることです。（中略）義興を擁立することも不審です。当国に義興が在国していますが、その家人のなかには小山氏に内通している者がいるようです。その者たちは吉野に参上して、「小山氏が味方に付き廷尉を望んでいるので、急ぎ任命していただきたい」と申請したようですが、これは不審なことです。

小山氏は義興を盟主に立てて、一族で一揆を結ぼうとしていたというのである。前の書状でも指摘されているが、義興は小山氏を廷尉に任官するように南朝に申請していた。このことを踏まえると、義興と小山氏との関係とは、義興が南朝に官職を推挙することで小山氏を南朝方に誘い、いっぽうの小山氏はこれに応じて、義興を南朝への仲介者として頼んだというものだったと理解できよう。

しかし、この義興の行動は、親房のあずかり知らないものだったうえに、親房が南朝から認められていた官職の推挙権を侵害したため、許容される余地がなかった。親房は右の書状のなかで、小山氏に廷尉を推挙したことを義興に尋問したところ、義興から「自分はまったく知らないことであり、家人のなかに勝手に行った者がいるのではないでしょうか」との返答を得たとも記している。はたして、この義興の返答は真実を述べたものかはわからないが、後醍醐から関東八ヵ国の平定を命じられた義興が、関東の武士を南朝方に誘引するべく独自の行動をとっていたのは確かだろう。

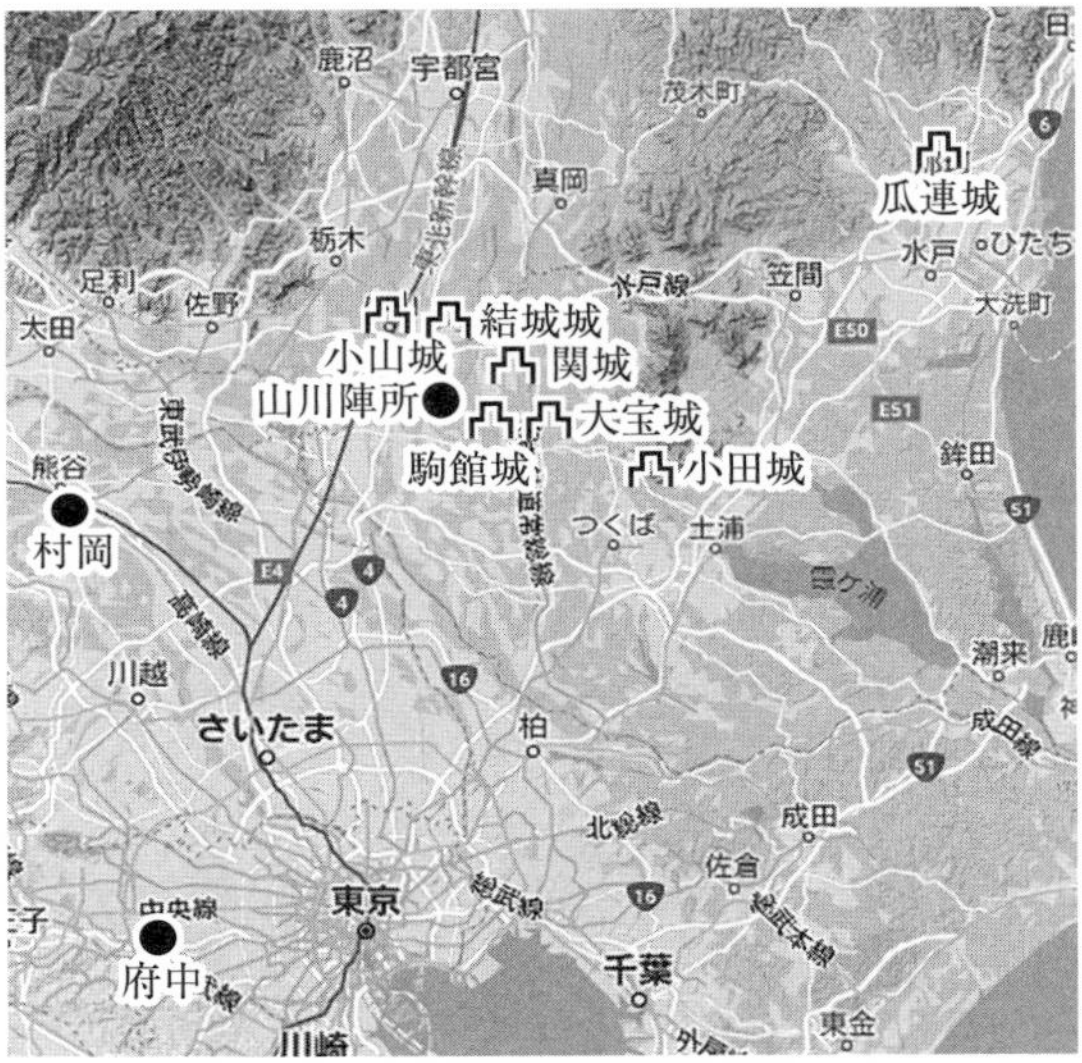

図29　常陸合戦関係図

だが、親房からすると、この義興の行動も経忠の画策と同様、自身が主導する東国戦略を阻害する行為にほかならなかった。義興の行動と経忠の画策との関係は不明だが、彼らの活動によって、関東の南朝勢力が親房の指揮下で組織的に幕府軍と戦うことは難しくなった。関東の南朝勢力は内部から崩れ始めたのであり、暦応三年（興国元年＝一三四〇）十一月、こうした状況を背景に親房を迎え入れていた治久が幕府軍に降伏した。

その後、親房は関城《せきじょう》（現茨城県筑西市）に移り、その南方およそ三・五キロに位置する大宝《だいほう》城《じょう》（現同下妻市）に側近の春日《かすが》顕時《あきとき》を入れ、抗戦を続けた。親房は激しく抵抗したため、関・大宝城は一年半以上も持ちこたえた。しかし、康永二年（興国四年＝一三四三）八月、頼みとしていた親朝も降伏したことで、親房はついに観念するに至った。十一月、親房は海路吉野へ撤退し、常陸合戦は幕府軍の勝利で終結したのである。

尊氏と直義の抗争

貞和三年（正平二年＝一三四七）八月、河内国で楠木正行《まさつら》（正成の子）が挙兵し、常陸合戦の終結後しばらく影を潜めていた南朝方の軍事活動が再開された。正行は幕府軍を次々に撃破し、足利氏にとって軍事的脅威となった。そのため尊氏は、翌年正月、高師直・師泰兄弟を大将とする大軍を派遣し、正行の追討に乗り出した。両軍は河内国四条畷《しじょうなわて》（現大阪府四條畷市・大東市）で合戦におよび、師直が正行を討ち取ると、幕府軍は勢いに乗じて南朝の本拠地吉野を攻略した。

高兄弟の活躍により、足利氏に対する軍事的脅威は取り除かれたが、高兄弟の軍功は幕府内部における彼らの発言力を高め、当時、幕府政治を主導していた足利直義との深刻な対立を招いた。もともと高氏は足利本宗家の執事だったため、彼らはその当主である尊氏の代弁者として動いた。したがって、高兄弟と直義との対立は、やがて尊氏と直義との対立となり、幕府は救いがたい両党分裂に陥っていったのである。

高兄弟・尊氏と直義との対立は、観応元年（正平五年＝一三五〇）十一月の直義の挙兵により、武力抗争へと突入した（観応の擾乱《じょうらん》）。翌年二月、両者は摂津国打出浜《うちいでのはま》（現兵庫県芦屋市）で激突し、直義が勝利した。尊氏と講和した直義は高兄弟を討ち、挙兵前に退いていた政務に復帰したが、これに反発する甥の足利義詮と不和になった。尊氏は、嫡子である義詮に政務を継承させたいと考えていたため、義詮を支持した。こうして尊氏・義詮父子との対立を深めた直義は、七月末に京を退去し、支持者の高経がいる越前国金ヶ崎城に入った。これにより、近江国では尊氏方と直義方との散発的な戦闘が始まったが、本格的な戦争を望まない尊氏と直義は水面下で講和交渉を進めた。交渉は順調に進み妥結する見通しが立ったが、最終的に破綻した。これを受け、高経が尊氏に寝返ったこともあって直義は越前国を去り、十一月十五日、もっとも信頼する上杉憲顕《のりあき》が待つ鎌倉に入った。

尊氏は直義と講和交渉を進めるいっぽう、南朝とも講和交渉を進めていた。尊氏は直義との講和条件に、これまで直義が熱心に取り組んでいた南朝との講和交渉の継続を掲げたからである。結局、直義との講和交渉は破綻したが、南朝とは妥結に成功した（正平一統《しょうへいいっとう》）。しかし、講和条件に直義の追討が盛り込まれたため、直義との講和をあきらめていなかった尊氏には不満が残る内容だった。この講和条件は、直義の排除を強く望んだ義詮の意向を踏まえたものであり、尊氏・義詮父子は、直義と和解するためか、直義を打倒するためかという、南朝との講和の目的が異なっていたのである(亀田俊和、二〇一七)。

講和条件に不満が残ったものの、講和の締結を受けて、十一月四日、尊氏は直義を追討するべく京を出陣した。東海道を東へ進軍した尊氏は、駿河国薩埵山《さったやま》(現静岡市清水区)で直義と対陣した。数のうえでは直義が有勢だったが、尊氏に味方した下野国の宇都宮氏《うじ》綱《つな》が、上野・武蔵国で直義が派遣した軍勢を撃破して箱根まで攻め寄せた。これにより、尊氏と氏綱に挟撃される形となった直義軍は総崩れとなり、直義は伊豆山中へ逃亡した。その後、直義は尊氏の和議の呼びかけに応じて投降し、観応三年(正平七年)正月五日に両者はそろって鎌倉に入った。そして、翌月二十六日、直義は突然の死を遂げた(享年四六)。直義の死因について、『太平記』は尊氏による毒殺だったとの噂を伝えている。真相は不明だが、直義との和議を最後まで望んでいた尊氏が、武力決着が着いた段階で殺害するとは考えにくいように思われる。

義興と義宗の挙兵

尊氏・義詮父子と講和を締結した南朝は、もう一つの講和条件とされた元弘一統の時代(建武政権時代)への回帰にしたがい、三種の神器を北朝から接収してその廃止手続きを進めた。そして、観応三年(正平七年=一三五二)二月二十六日、南朝の後村上《ごむらかみ》天皇は京に戻るために大和国賀名生《あのう》(現奈良県五條市)

の皇居を出発し、閏二月十九日に石清水八幡宮《いわしみずはちまんぐう》（現京都府八幡市）に入った。

実は、南朝との講和条件には幕府の存続が明記されていなかった。そのため、尊氏・義詮と南朝との間には、幕府の存続に関して重大な認識の齟齬《そご》が生じた。すなわち、尊氏と義詮は幕府の存続を前提としたのに対し、南朝はそうした前提をとるつもりはなかったのである。閏二月六日に南朝は宗良を征夷大将軍に任じたようだが、これは尊氏の将軍罷免を意味しており、右の南朝の姿勢を表している。幕府の存続を認めない南朝は、この機に幕府を滅ぼすつもりでいたため、大規模な軍事攻勢を仕掛けていく（亀田俊和、二〇一七）。

閏二月二十日、楠木正儀《まさのり》（正行の弟）を主力とする南朝軍が京へ進攻し、幕府軍と合戦となった。南朝軍は幕府軍を撃破し、義詮を近江国へ没落させ、京を占領した。そして、畿内におけるこの南朝軍の軍事進攻と連動して、関東でも南朝軍が挙兵したのである。

すなわち、かつて親房とともに東国に派遣されるも、暴風雨により遠江国に漂着した宗良が潜伏先の信濃国で挙兵すると、義興も弟の義宗《よしむね》とともにこれに呼応して上野国で挙兵したのである。この挙兵については、覚誉《かくよ》という僧侶が京にいる甥の園基隆《そのもとたか》という公家に宛てた三月五日付けの書状のなかに、次のように記されている（『園太暦《えんたいりゃく》』）。

①aそもそも先月十八日、関東の凶徒たちが武州の狩野川《かのがわ》の城に没落すると、官軍は勝ちに乗じて攻めかかりました。②a大王は上州と信州の堺の碓氷峠《うすいとうげ》まで進出され、諸方から軍勢が大勢集まっています。凶徒たちとの決戦が間近に迫ってきたので、新田から昨日の酉刻《とりのこく》（午後八時頃）に以上の報告が届きました。新田は石清水八幡宮にいる天皇にも報告しています。先だって大王から届いた報告とことごとく一致し、矛盾していないので、大変めでたいことです。①b新田一族をはじめとする諸将は、十五日に上州を出陣すると、上野国内の凶徒を退治して武州に攻め入り、鎌倉へ進軍したので、尊氏たちは防ぐことができずに没落したということです。②b新田武蔵守義宗は、鎌倉を警固《けいご》し、大王をお待ち申し上げています。義宗の兄の義興と脇屋義治《よしはる》をはじめとする諸将は、武州に戻って敵陣を平定するということです。

義興と義宗は、南朝軍の京進攻直前の閏二月十五日に上野国を出陣して武蔵国に攻め込み鎌倉へ進軍すると、防ぎきれないと判断した尊氏は鎌倉から撤退し（①b）、十八日に狩野川（神奈川）城（現神奈川県横浜市神奈川区か）に逃げ込んだ（①a）。義興と義宗の挙兵は尊氏の不意を突いたようであり、尊氏は防戦できないまま鎌倉から没落し、義興と義宗は挙兵からわずか四日で鎌倉を占領したのだった。

そして、覚誉に「大王」と呼ばれた宗良は、上野・信濃国境の碓氷峠に駐留していたが（②a）、義興と義宗は宗良を鎌倉へ迎え入れようとしていた（②b）。これは、関東に「大王」宗良を頂点とする地域的政治権力の樹立を目指す動きと理解できる。義興と義宗は、かつて父義貞が越前国で描いた政治構想を継承し、それを関東で実現しようとしたのである（山本隆志、二〇〇五）。ただし、義貞は南朝（後醍醐）から自立した政治権力を樹立しようとしたが、義興と義宗の軍事行動は南朝（後村上）のそれと連動していたことに着目すると、南朝からの自立までを目指したものではなかっただろう。

尊氏との決戦

義興と従兄弟の脇屋義治（義助の子）は、武蔵国へ逃げた尊氏を追撃した。義宗も宗良を奉じて合流し、足利・新田両軍は、閏二月二十日に武蔵国府近傍の人見原《ひとみはら》（現東京都府中市）と金井原《かないばら》（現同小金井市）で激突した。『太平記』によると、義興の猛攻によって尊氏は石浜《いしはま》（現同台東区）に追い詰められ、一時は切腹も覚悟したほどだったという。しかし、尊氏が追い詰められた局面があったかもしれないが、『鶴岡社務記録《つるがおかしゃむきろく》』には「武州金井原に於《お》いて合戦、御方《みかた》（足利方）打ち勝ちて御敵《おんてき》没落す」とみえるので、二十日の合戦は最終的に尊氏の勝利で終わったとみられる。

図30　金井原合戦碑（小金井市教育委員会提供）

その後、尊氏は石浜に移動したことは事実なので、『太平記』はこのことを義興に追われて逃れたこととして叙述したのだろう。

二十五日、尊氏は石浜を発って武蔵国府へ入った。新田勢は笛吹峠《ふえふきとうげ》（現埼玉県嵐山町）に撤退していたようであり、ここで態勢を立て直すと、ふたたび武蔵国府を目指して出陣した。二十八日、両軍は小手指原《こてさしはら》（現同所沢市）で再戦した。同じ日、義興と義治は鎌倉で合戦を行い、その占領に成功しているので、彼らは別動隊を率いて鎌倉を襲撃したことが知られる。小手指原の戦いは数日間におよぶ激戦となったが、ふたたび尊氏が勝利し、義宗は宗良とともに越後国へ撤退した。この知らせに接した義興と義治は、三月二日に鎌倉を脱して相模国河村城《かわむらじょう》（現神奈川県山北町）へ移った。そして三月十二日、尊氏はおよそ一月ぶりに鎌倉への帰還を果たした（『鶴岡社務記録』）。

右にみた、義興・義宗と尊氏との一連の合戦を、武蔵野合戦と呼んでいる。この合戦に勝利し、関東の反足利勢力を排除できたことで、尊氏は関東の支配を確立するきっかけをつかんだ。いっぽう、敗北した義興と義宗は、関東に「大王」宗良を頂点とする地域的政治権力を樹立するという政治構想を打ち砕かれ、これ以降、二度と鎌倉の土を踏むことはなかった。武蔵野合戦は、足利氏と新田氏の「天下分け目の戦い」になったのである。

なお、畿内では、近江国から反攻に出た義詮が三月十五日に京を奪還すると、引き続き南朝軍の本陣が置かれた石清水八幡宮の攻略を開始した。南朝軍は幕府軍の攻撃によく耐えたが、次第に兵粮の欠乏に苦しむようになり、五月十一日に賀名生へ撤退した。観応の擾乱という足利氏の内紛に始まった足利方と南朝方との抗争は、こうしてひとまずの終結を迎えたのだった。

2 足利本宗家の源氏嫡流化への道のり

はじめの一歩

前節で述べたように、建武五年（延元三年＝一三三八）八月十一日、足利尊氏は征夷大将軍に任じられ、名実ともに武家政権の再建を果たした。源頼朝以来、征夷大将軍は武家政権の首長が就く官職となっていたので、尊氏の将軍任官はきわめて自然なことのように思える。しかし、建長四年（一二五二）の宗尊親王（鎌倉幕府六代将軍）の将軍任官以降、その任官者はいずれも天皇家出身の男性（基本的に親王）に限られていた。つまり、尊氏が将軍に任官した一四世紀前半時点の将軍像とは「親王将軍」だったのであり、親王ではない尊氏が将軍に任官したことは異例の事態だったといえるのである。

尊氏は親王ではなく、源氏として将軍に任官した。そのため、尊氏の将軍任官の正当性は、本来将軍には源氏の嫡流が任官していたという認識、すなわち「源氏将軍観」に求めざるをえなかった。だが、鎌倉幕府体制下の足利本宗家は、源氏の系譜を引く御家人家の最上位に位置していたものの、源氏の嫡流とはみなされていなかった。したがって、尊氏が源氏将軍観に依拠して自らの将軍任官の正当性を主張し、これを成り立たせるためには、足利本宗家こそが源氏の嫡流であり、かつ自らが鎌倉幕府将軍の正統な後継者であることを周囲に認めてもらう必要があったのである（山家浩樹、二〇一八）。

ところで、尊氏が源氏の嫡流であることをはじめて表明したのは、果たして将軍任官の頃だったのかというと、実はそれよりも五年前のことだったことが確認できる。すなわち、元弘三年（正慶二年＝一三三三）四月二十九日、丹波国篠村荘で鎌倉幕府に叛旗を翻したさい、尊氏は同荘に鎮座する篠村八幡宮《しのむらはちまんぐう》に願文《がんもん》を奉納したが、そのなかで自らを「氏《うじ》（源氏）の家督《かとく》」と標榜《ひょうぼう》しており、これが源氏嫡流の表明の初見となるのである（「篠村八幡宮文書」）。

この願文のなかで尊氏は、源氏の家督は「代々朝敵を滅ぼし、凶徒を誅伐してきた」とも述べているので、この源氏は武家源氏である清和源氏を指すことが明らかである。この願文は朝敵（北条氏）の追討成就を祈る内容であるため、尊氏の源氏嫡流表明の目的は、北条氏と戦うための正当性を示すことにあったと理解できる。つまり、尊氏は当初、北条氏と戦うための正当性を得るために自らを源氏の嫡流に位置づけたのだった。しかし、やがて建武政権から離叛し、将軍として武家政権の再建を目指すようになると、この位置づけを将軍任官の正当性として喧伝《けんでん》していくことになるのである。

尊氏の頼朝再来演出・その一

右に述べたように、尊氏の将軍任官の正当性は足利本宗家が源氏の嫡流であるという要素と、自らが鎌倉幕府将軍の正統な後継者であるという要素によって成り立っていた。この二つの要素は不可分に渾然《こんぜん》としていたが、ここではこれを区分し、それぞれの要素がどのように具体化されたのかをみてみたい。最初に後者の要素からみてみるが、尊氏の場合、ならうべき存在は鎌倉幕府の創始者となった頼朝である。そのため、これは尊氏とその周囲の人びとが尊氏を頼朝になぞらえ、その再来として演出していくことで具体化された。以下、実例をいくつかみていこう。

まず、尊氏の発給《はっきゅう》文書である。尊氏は、中先代の乱勃発後の建武二年（一三三五）七月二十日から配下の武士たちに恩賞給付を始めたが、その文書様式は袖判下文《そではんくだしぶみ》というものだった。これは、文書の右端（袖）に発給者の花押が大きく据えられ、発給者から受給者への上意下達を明示する点に特徴を持つ文書であり、鎌倉幕府の将軍が御家人に対して恩賞給付を行うさいに用いたものだった。

しかし、鎌倉幕府の将軍では、三位に叙任されて公卿になると、政所下文という文書に

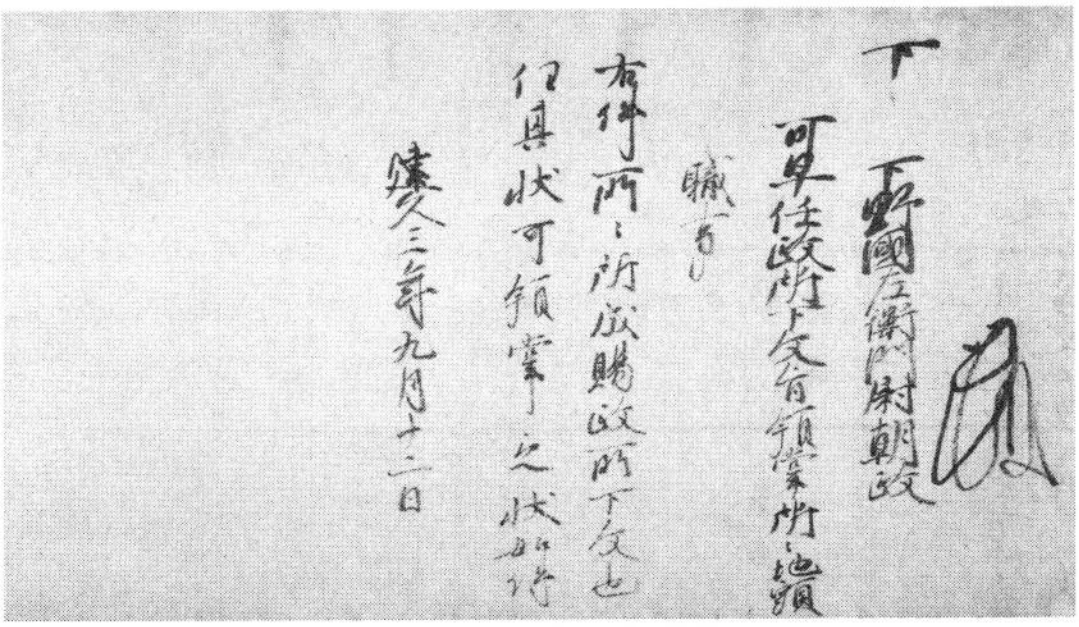

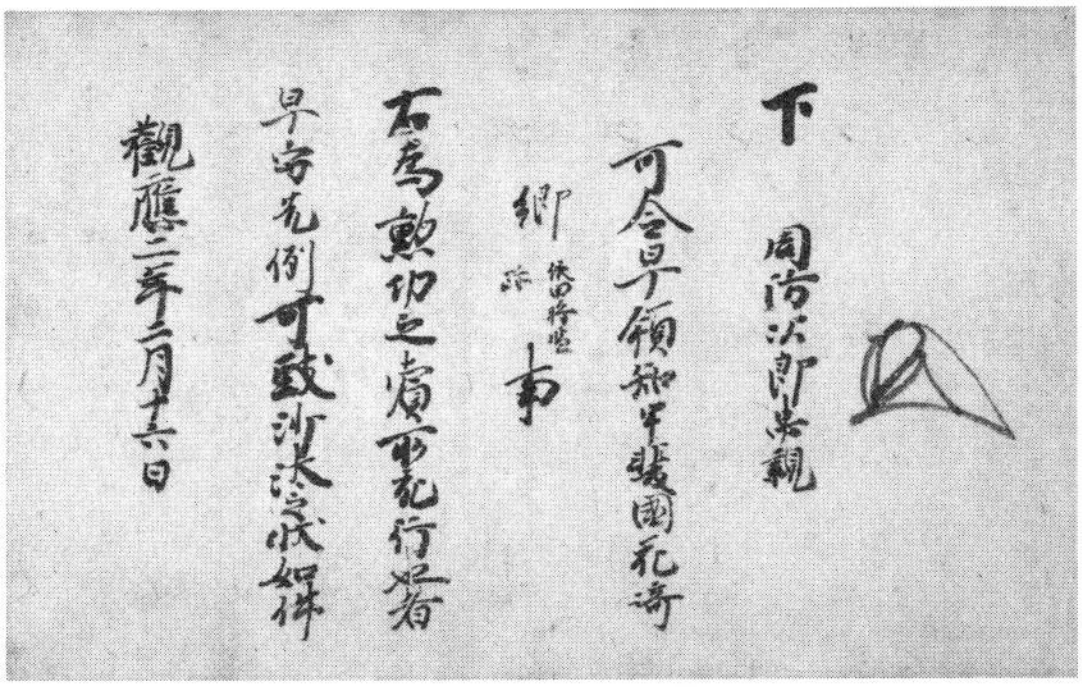

図31　源頼朝袖判下文（上，神奈川県立歴史博物館所蔵）と足利尊氏袖判下文（下，国立歴史民俗博物館所蔵）

切り替えることを通例としていた。そのため、将軍任官当初から基本的に三位に叙任された宗尊親王以下の四人の親王将軍は、袖判下文を発給することがなく、建武二年の時点では廃絶した文書になっていた。ところが、尊氏は袖判下文を発給したのであり、これは袖判下文の「復活」というべき現象だった。しかも、当時の尊氏は公卿になっていたことを踏まえると、その袖判下文は鎌倉幕府の将軍のものとは異質であり、特定の政治的意図のもと袖判下文という文書を選んだことが明らかである。それは、袖判下文を発給した鎌倉幕府

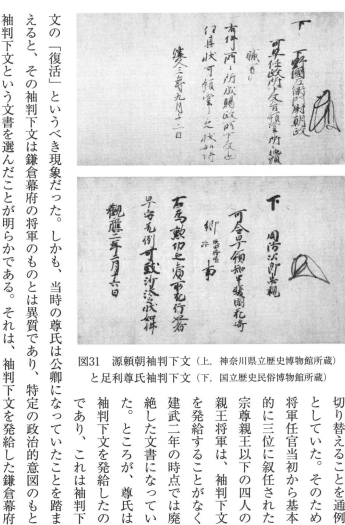

の将軍、なかでもそれを最初に行った頼朝に自身をなぞらえるというものだったと考えられる。

尊氏の頼朝再来演出・その二

次に、尊氏の宗教活動である。尊氏が宗教活動を通して、自身を頼朝になぞらえようとしていたことは先行研究の指摘があるので、これらを参照しながら具体的な様子を紹介したい（西山美香、二〇〇二、二〇〇四・生駒哲郎、二〇〇八・山家浩樹、二〇一八）。

尊氏は弟の足利直義とともに、京の八坂にある法観寺《ほうかんじ》（現京都市東山区）を再興し、その仏舎利塔《ぶつしゃりとう》を修造した。のちに尊氏は、この法観寺の仏舎利塔を山城国の利生塔《りしょうとう》（元弘以来の戦乱の戦没者をとむらうための仏塔）に指定して公的な位置づけを与えてもいるが、実は法観寺の仏舎利塔は頼朝が再建したものだった。その下には頼朝の鬢髪《びんぱつ》が奉納されたとも伝わっているが、尊氏がこの頼朝とのゆかりが深い仏塔に注力したのは、その修造と利生塔への指定を頼朝による再建を引き継ぐ事業と位置づけることで、自身を頼朝になぞらえるためだったとみられる。

頼朝は、法観寺の仏舎利塔とともに東大寺の大仏の再建も果たし、建久六年（一一九五）の落慶供養に臨席している。尊氏は、後醍醐をとむらうための寺院として天龍寺《てんりゅうじ》（現

図32　法観寺仏舎利塔

同右京区）を建立し、貞和元年（興国六年＝一三四五）に落慶供養が挙行されたが、それは頼朝が臨席した東大寺の落慶供養を模したものだった。その意図は、天龍寺供養に臨席する尊氏を東大寺供養の頼朝に比すことで、尊氏を頼朝になぞらえることにあったと考えられる。

尊氏はまた、後醍醐と元弘以来の戦乱の戦没者および亡母の十三回忌の供養ために一切経の書写事業も行った。文和三年（正平九年＝一三五四）の正月から書写が開始され、十二月に終了したが、この一切経は等持院で供養されたのち、園城寺の唐院《とういん》に納められた。尊氏が一切経の奉納先を園城寺の唐院としたのは、北条泰時が北条政子の十三回忌にあたって書写させた一切経を同院に奉納したという先例を意識したためだったが、もう一つ意識した要素があった。それは、同院が法観寺の仏舎利塔と同じく頼朝の鬢髪の上に建立されたという要素である。つまり、園城寺唐院への一切経の奉納も頼朝を意識したものだったのであり、これも尊氏が自身を頼朝に結びつけ、なぞらえようとした政治行為と理解できよう。

尊氏の頼朝再来演出・その三

最後は、頼朝にまつわる歴史の創出である。尊氏の周囲で編纂された歴史書の『梅松論』には、尊氏が挙兵するさいのエピソードとして次のようなことが記されている。

この者たちは治承の昔、頼朝が義兵を挙げた時に、一番に忠功を尽くした小山政光《まさみつ》入道の三人の子どもの子孫である。(中略)彼らが率いた二千余騎の軍勢を先陣として、尊氏は建武二年(一三三五)十二月八日に鎌倉をご出陣された。

尊氏が新田義貞率いる官軍と戦うべく鎌倉を出陣するさい、その先陣に小山政光の三人の子どもの子孫が率いる軍勢を立てた。その理由は、かつて頼朝が挙兵した時、政光の三人の子どもが一番に忠功を尽くしたからだという。

このエピソードで注目すべきは、これが史実とは異なっているという点である。すなわち、頼朝が伊豆で挙兵した時、小山氏はまだその麾下に入っていなかったため、頼朝の挙兵には参加していなかったのである。つまり『梅松論』は、頼朝の挙兵以来、小山氏はその忠実な家人だったという歴史をつくり出し、それを尊氏の挙兵にさいしての先陣を務める事由としたのである。これも、尊氏を頼朝になぞらえようとする政治行為の一環だったことは明らかであり、尊氏の側近くに仕えていた『梅松論』の編纂者は、そこに右のエピソードを描くことで、尊氏が頼朝の再来であることを後世にまで伝えようとしたのだろう。

以上のように、尊氏とその周囲の人びとは、さまざまな手段を講じて尊氏を頼朝になぞらえ、それを同時代および後世の人びとへ発信したのだった。これらを通して、尊氏は頼朝の再来として演出されていったのである。

頼朝権威の高揚と足利氏

尊氏を頼朝になぞらえ、その再来として演出した目的は、尊氏が鎌倉幕府将軍の正統な後継者であることを具体的に示し、それを同時代の人びとに認めてもらうことにあった。しかしいっぽうで、それは一三世紀後半に起きた頼朝権威の高揚という事態への対処のためでもあった。

第二章「広がる格差」のなかで述べたが、蒙古襲来の危機に直面した鎌倉幕府は、当時の将軍の惟康王を頼朝になぞらえて、その正統な後継者に位置づけることで、御家人たちを結集してこれに対処しようとした。そしてこれにより、御家人社会のなかでは源氏将軍観が復活したが、それとともに頼朝個人の権威が高揚したのである。また、これも第二章で述べたことだが、頼朝権威の高揚を受けた鎌倉末期の御家人たちは、頼朝の家人となった先祖によって自らの家が開創されたという歴史認識を持つようになった。そして興味深いことに、このような歴史認識は足利氏にとって非常に不都合なものとなったのである。

南朝方の北畠親房の側近だった法眼宣宗《ほうげんせんそう》が、暦応三年（延元五年＝一三四〇）に結城親朝に宛てた書状には、「頼朝が側近御家人を選抜したさい、結城氏は選ばれたが、足利氏は選ばれなかった」と書かれてあることがみえる（「有造館本《ゆうぞうかんぼん》結城古文書写」）。つまり、この書状で宣宗は、結城氏（朝光）は足利氏（義兼）と異なって頼朝の側近御家人に選抜されたという先祖の事績を指摘して、結城氏は足利氏などに降るような家柄ではないと諭《さと》し、南朝方に懐柔しようとしたのである。右で述べたように、鎌倉末期の御家人のなかには頼朝との関係を起点とした家の歴史認識が形成されていたが、それは足利氏に対抗できる論理としても機能したのだった（田辺旬、二〇一八）。

このように、頼朝権威の高揚を背景に形成された鎌倉末期の御家人たちの家の歴史認識は、足利氏に対抗できる論理としても機能したため、足利氏にとって非常に不都合なものとなったのである。しかし足利氏は、この対抗の論理を従属の論理に摺り替えることができれば、彼らを自らのもとに結集できることになる。そこで足利氏は、尊氏を頼朝の再来として演出することで、これを実現しようとしたのではないか。すなわち、足利氏は尊氏を頼朝になぞらえ、その再来と演出することにより、頼朝との関係を重視していた御家人たちを尊氏のもとに結集し、足利氏にしたがわせようとしたと考えられるのである。尊氏の頼朝再来演出は、足利氏への対抗論理をも生み出した頼朝権威の高揚という事態への対処のためでもあったのである。

足利本宗家の源氏嫡流化

それでは次に、足利本宗家が源氏の嫡流であるという、尊氏の将軍任官の正当性を構成するもう一つの要素が、どのように具体化されたのかをみてみよう。それは、自らの家系こそが正統な源氏の嫡流であるという足利本宗家の主張を裏づける、源義家と足利家時の自筆置文の「創作」によって具体化された。

すなわち、『難太平記』によると、足利本宗家には先祖の義家が記した置文が伝わっており、そこには七代のちに生まれ変わって天下をとるという義家の遺言が書かれていたという。そして、これをみた七代目の子孫にあたる家時は、いまはまだその時分ではないと悟り、自らの命と引き換えに三代のちに天下をとる旨を記した置文を作成し、腹を切った。

その三代目こそが尊氏であり、尊氏は義家以来足利本宗家に伝えられてきた代々の宿願によって、天下をとることができたというのである。

第二章でも述べたが、この『難太平記』のエピソードは、史実を伝えたものとはみなしがたい。したがって、ここにみえる義家と家時の置文は実在したものではなく、後世の創作となる。このエピソードの趣旨を踏まえると、これらの置文は、天下をとった（武家政権の再建を果たした）足利本宗家によって創作されたとみて間違いないだろう。そして、足利一門の大部分の人びとは、少なくとも家時の置文は拝見ないし耳にしたことがあったとみられる（武田昌憲、一九九八）。つまり足利本宗家は、義家と家時の置文を創作して、自分の家には義家以来の宿願が伝えられてきたと足利一門の人びとへ喧伝することで、足利本宗家を源氏の嫡流（義家の直系）に位置づけようとしたのだった（川合康、一九九五）。

ところで、足利本宗家は自らを源氏の嫡流に位置づけるにさいし、なぜ義家の直系と主張したのだろうか。その理由としてまず考えられるのが、頼朝の源氏将軍家が義家の父頼《より》義《よし》の直系と位置づけられたため、これを相対化する必要があったということである。つまり足利本宗家は、自らを義家の直系とすることで、頼義—義家—義国を源氏の嫡流とし、義国の兄義親《よしちか》の家系（頼朝の源氏将軍家）を傍流に位置づけたかったのである。

もう一つ考えられる理由は、足利本宗家を相対化しようとする、一門の庶子家の指向を統制することである（市沢哲、二〇〇二）。すなわち、これも第二章で述べたように、一三世紀半ばの義氏の死後、足利本宗家は若い当主が続いたことにより、兄筋の庶子家が本宗家を後見することがあった。そのため、兄筋の庶子家は本宗家を相対化する指向を持ったようであり、そのなかの一人は二代将軍となった義詮に対してわざわざ系図を示し、「われわれの先祖は義詮様のご先祖の兄に当たる」と語り、義詮を不快にさせたというエピソードも伝わっている（『難太平記』）。そこで足利本宗家は、自らを義家の直系とすることで一門の庶子家とは区別される存在であることを示し、本宗家を相対化しようとする彼らの指向を統制したのである。

このように足利本宗家は、自らを源氏の嫡流に位置づけるべく工夫をこらしたのだが、この足利本宗家の思惑は、一四世紀後半には足利一門を超えて同時代の人びとに広く共有されるに至った様子がうかがえる（本郷和人、一九九八・山家浩樹、二〇一八）。すなわち、嘉慶年間（一三八七～八九）の成立とされる『源威集《げんいしゅう》』という軍記物語には、観応の擾乱によって鎌倉に下向していた尊氏が帰京するにさいし、その作者ともいわれる結城直光《なおみつ》に先陣を命じたというエピソードが記されている。その理由を尋ねられた尊氏は、「いま従っている武士たちは、いずれも源氏の嫡流であるわが足利氏の譜代の家人だが、譜代である点を重視すると、頼朝様の側近だった結城朝光の子孫である直光がふさわしいからだ」と述べたという。ここからは、足利本宗家が源氏の嫡流の立場にあること、そして尊氏と直光の主従関係が頼朝と朝光のそれになぞらえられていることが確認できる。

ここで注目すべきは、これらのことが結城直光という足利本宗家以外の人物の手によって描かれたという点である。すなわち、この『源威集』のエピソードからは、尊氏を頼朝になぞらえることも含めて、一四世紀後半には足利本宗家を源氏の嫡流に位置づけようとするその思惑が、同時代の人びとに広く共有されるに至った様子がうかがえるのである。こうして足利本宗家が源氏の嫡流であることが確定したわけだが、このことは当然のことながら、足利本宗家が義国流清和源氏の嫡流であること（義国流清和源氏というユニットが「足利一門」であること）を改めて確定させたことを意味する。室町期から戦国期の故実書には、新田氏が「足利一門」として記載されたことが指摘されているが（谷口雄太、二〇一三）、これは足利本宗家が源氏嫡流であるという社会認識の確立を背景として作成されたものだったと理解できる。

なお、足利本宗家は源氏嫡流化を進めるいっぽうで、自らが擁立した持明院統天皇家との関係の独占を図ったことが知られている（市沢哲、一九九六・石原比伊呂、二〇一二）。これにより足利本宗家は、源氏の嫡流であるとともに持明院統天皇家という権威を独占利用できる卓越した存在となり、一門の庶子家のみならず他門の有力武家からも隔絶した地位を築くことになったのである。

『太平記』と新田本宗家

足利本宗家は、義家と家時の置文を創作することで自らを源氏の嫡流に位置づけることを試みた。そして、実は『太平記』の編纂もその重要な手段の一つだった。

一般的に『太平記』は、南北朝内乱を素材とした軍記物語と説明されるが、たんなる軍記物語としてのみ理解することはできない。というのも、『太平記』は少なくとも当初の編纂（修訂）過程において、室町幕府と密接につながる者の関与があったことが知られており、その草創を語る「正史」として編纂・整備されたとみられているからである（兵藤裕己、一九九五）。

『太平記』には、室町幕府当局（足利本宗家）の管理下において編纂された「歴史書」としての側面が認められる。すると、『太平記』は尊氏を「源家累葉《るいよう》の族《やから》」と紹介し、足利本宗家を源氏嫡流の家柄と位置づけているが、これは足利本宗家による源氏嫡流工作の一環だったことがわかるだろう。そして、ここで注目すべきは、『太平記』は新田義貞も「源家嫡流の名家」と紹介し、新田本宗家を足利本宗家とならぶ源氏嫡流の家柄と位置づけている点である。すなわち、『太平記』の編纂過程において室町幕府は、鎌倉幕府体制下の足利本宗家と新田本宗家との格差を隠蔽《いんぺい》し、新田本宗家の家格を意図的に引き上げるように指示して、これを足利本宗家に匹敵しうる「源家嫡流の名家」に仕立て上げたのである。

それでは、室町幕府はいったいなぜ、このような作為を施したのだろうか。『太平記』の編纂が足利本宗家による源氏嫡流工作の一環だったことを踏まえると、これもその工作と関わる作為と考えるのが妥当だろう。すなわち、『太平記』において室町幕府は、新田本宗家をもういっぽうの源氏の嫡流と位置づけ、これを打倒するに足る相手と描き、その新田本宗家を倒すことによって、足利本宗家が唯一の源氏の嫡流となったことを喧伝しようとしたと考えられるのである。

『太平記』の編纂にさいして、室町幕府は足利本宗家が源氏嫡流であることの歴史的正当性を誇示するために、新田本宗家をこれに対抗しうるもういっぽうの源氏嫡流に位置づけた。こうした新田本宗家の姿は、足利本宗家による源氏嫡流工作の所産（虚構）だったわけだが、これに説得力を与える現実があったことを忘れてはならない。すなわち義貞は、後醍醐から鎌倉攻略の軍功に相応する位階と所領を与えられた結果、足利本宗家との経済・政治的格差を著しく縮め、尊氏に次ぐ武家の有力者に成長した。また、義貞・義興・義宗と尊氏は、それぞれ南朝方と北朝方の主将として死闘を演じた。こうした現実が右の『太平記』の虚構に説得力を持たせ、後世の人びとは『太平記』に接するなかでこれを「史実」として認識したのである。足利本宗家に軍事的に敗北した新田本宗家だったが、『太平記』を通して源氏嫡流としての姿（フィクション）は再生産され続けたのである。

3　決着のとき

鎌倉府の確立

武蔵野合戦に足利尊氏が勝利したことで、足利氏と新田氏の対決の趨勢《すうせい》はほぼ決した。しかし、その後も新田氏（新田本宗家）は、東国で反足利勢力を糾合しながら、足利氏への抵抗活動を続けた。最後にこの様相を追うことで、足利氏と新田氏の対決の結末をみてみることにしよう。しかしその前に、新田氏に対峙したのは鎌倉府《かまくらふ》という室町幕府の東国支配政庁だったので、これについて確認しておきたい。

そもそも鎌倉府は、建武政権から離叛した尊氏が京へ進攻するにさいし、嫡子の足利義詮を鎌倉に残したことに始まる。当時の義詮は幼少だったため、斯波高経の子の家長《いえなが》がこれを補佐した。斯波氏は足利本宗家の兄筋の家として、鎌倉期には幼少の本宗家当主を後見したことがあったが、いまだ若年（おそらく一〇代後半）だったにもかかわらず家長が義詮の補佐役に抜擢されたのは、こうした斯波氏の実績にもとづく措置とみられる。

家長の最優先課題は、関東の建武政権（南朝）方の拠点を攻略し、その安定を図ることだった。そのため、家長自身も常陸・下野方面に出陣したが、その発給文書の大部分は軍事関係文書であるという事実（原田正剛、二〇〇三）に着目すると、この時点の鎌倉府は軍事組織としての性格が濃厚だったといえる。しかしいっぽうで、寺社方《じしやかた》・制札方《せいさつかた》といった訴訟機関の存在が確認でき、統治能力を備えていたことも知られている（原田正剛、二〇〇〇）。前章で述べたように、鎌倉将軍府も鎌倉幕府の奉行人などを採用して独自に裁判を行った形跡が認められるが、おそらく彼らは鎌倉府の発足にともなってその奉行人に移行したことで、鎌倉府は統治能力を備えることができたのだろう。だが、この時点の鎌倉府の統治範囲（管轄国）は不明確であり（「上杉文書」〈建武五年ヵ〉六月二十日付足利尊氏書状）、実際、関東全域を統治することができていなかった。したがって、東国支配政庁としては未熟だったといわざるをえない。なお、家長は、建武四年（延元二年＝一三三七）に二度目の上洛戦を敢行した北畠顕家の進軍を防ぐべく、鎌倉で合戦におよび敗死した。

こうした鎌倉府のあり方を改善する大きな契機となったのが、常陸合戦だった。本章第一節で述べたように、これは常陸国小田城を拠点とした南朝方の北畠親房と京から派遣された足利方の高師冬との合戦であり、康永二年（興国四年＝一三四三）十一月に後者の勝利で終結した。これにより、関東では南朝方の大規模な組織的抵抗が終了し、鎌倉府の支配が合戦の舞台となった北関東地域にも浸透していく画期となった。常陸合戦の直前に室町幕府は鎌倉府の統治範囲を規定していたようだが（「金沢文庫文書」〈年月日欠〉湛睿《たんえい》書状）、合戦の勝利によってその実効性が高まったのである。

こうして東国支配政庁となるための足場を築いた鎌倉府に対し、足利直義を追討するべく鎌倉に下向してきた尊氏が整備に着手した。当時、義詮は幕府の政務をとるべく京へ上っていたため、これに代わって弟の足利基氏《もとうじ》が鎌倉府の長官となっていた。尊氏はまず、すでに判始《はんはじめ》（文書発給開始の儀式）を終えていた基氏を武蔵野合戦前の二月二十五日に元服させると、合戦後の三月十日に沙汰始《さたはじめ》（政務開始の儀式）を行い、八月には従五位下左馬頭に叙任させ、いずれ京に戻る自身に代わり、基氏が実体をともなった関東の統治者となるための基礎を固めた。

次に尊氏は、関東の守護から上杉憲顕をはじめとする直義派の人物を排除し、自身が信頼する人物を配した。すなわち、越後・上野国の守護には宇都宮氏綱を、武蔵国の守護には執事の仁木頼章《にきよりあき》を、伊豆国の守護には畠山国清《くにきよ》をそれぞれ任命し、相模国は尊氏の直轄としたのである。

そして、文和二年（正平八年＝一三五三）七月、南朝方がふたたび京を占領した事態を受けて帰京することになった尊氏は、東国の統治体制の再構築を図った。まず、守護の一部刷新を行い、武蔵国の守護には尊氏に随伴する頼章に代えて国清を、尊氏の直轄となっていた相模国の守護には河越直重《なおしげ》を任命した。特に国清は、いまだ幼い基氏の執事にも就任し、尊氏から後事を託された。次に、武蔵国の秩父平氏と相模国の中村氏系平氏を中心とする、平一揆《へいいっき》と呼ばれた武士集団を基氏の直轄軍に編成した。実は、新たに相模国の守護となった河越直重は平一揆の盟主であり、尊氏は直重を守護に抜擢することで、平一揆の取り込みを図ったのだった。そして、旧直義派と南朝勢力が潜伏する越後・北信濃や北関東へのにらみをきかすべく、基氏を武蔵国入間川《いるまがわ》（現埼玉県狭山市）に在陣させ、所領の安堵・給付・処分権や所務沙汰《しょむざた》権（土地を対象とする裁判の権限）といった統治に必要な権限を分与した。尊氏によって再構築された以上のような東国の統治体制を、薩埵山体制と呼んでいる（峰岸純夫、一九九八）。こうして鎌倉府は、東国支配政庁として確立することになったのである。帰京した尊氏は、二度と鎌倉に戻ることなく、延文三年（正平十三年＝一三五八）四月に亡くなったから、薩埵山体制は尊氏の「置き土産」となった。

なお、尊氏の帰京後も、関東の守護に対する幕府の命令は、尊氏と義詮から直接彼らに伝えられていた。しかし、文和三年（正平九年）七月以降、それは基氏を介して伝えられるようになった。ここに、基氏を長官（鎌倉公方《かまくらくぼう》）とする鎌倉府が、室町幕府体制に制度的に位置づけられることになったのである（植田真平、二〇一三）。

義興と義宗の死

それでは、武蔵野合戦後の新田本宗家が、東国において反足利勢力を糾合しながら、足利氏（鎌倉府）への抵抗活動を続けた様相をみていくことにしよう。まずは、武蔵野合戦後の新田義興・義宗兄弟の動向からみてみたい（久保田順一、二〇一五）。

義興については、鎌倉から河村城へ移った後の動向はよくわかっていない。武蔵野合戦後、義興の姿がはっきりと確認できるのは、武蔵国で自害に追い込まれた事件となる。この事件が起きた年については、史料によって延文三年（正平十三年＝一三五八）あるいは同四年と記されており一定していないが、同時代史料の『大乗院寺社雑事記《だいじょういんじしゃぞうじき》』はこの事件を延文四年十月十日のことと記しており、後者の可能性が高いと思われる。『太平記』も、延文四年以降の事件とみているようである。

『大乗院寺社雑事記』は、「新田左兵衛佐《さひょうえのすけ》義興、武蔵国に於いて自害す」とのみ記しているため、ここからその背景について明らかにすることはできない。しかし、義興が自害したという延文四年十月十日は、幕府の畿内南朝勢力の追討に協力するべく、鎌倉府が国清を総大将とする関東の軍勢を畿内へ派遣する直前の時期に当たるという点に着目すると、義興の自害はこの鎌倉府の派兵と関係があったとみられる。すなわち鎌倉府は、畿内への派兵を円滑に行うとともに、軍事的空白が生まれる関東を守るべく、義興の探索と追討を実行したと考えられるのである。義興は武蔵国で自害したというから、これを主導したのは同国の守護でもあった国清だろう。

右の想定が妥当だとすると、鎌倉府は義興にその足下を脅かすことができるだけの実力があると認識していたことになる。実際、義興は、武蔵野合戦前後の時期に軍事指揮・所領給付・官職推挙の権限を行使しており（松島周一、二〇〇三）、これらの権限を活用することで足利氏に不満を持つ勢力を糾合し、ふたたび挙兵できる可能性を持っていたとみら

図33　竹澤右京亮を祟る新田義興（府中市郷土の森博物館所蔵）

れる。鎌倉府は、義興にこうした可能性（危険性）を認めたからこそ、その追討を実行したのだろう。なお、『太平記』では、竹澤《たけざわ》右《う》京亮《きょうのすけ》と江戸遠江守の策略にかかって自害に追い込まれた義興が、やがて怨霊になってこの両者を祟ったさまが劇的に描かれているが、このエピソードは江戸時代になると人形浄瑠璃や歌舞伎の演目『神霊《しんれい》矢《や》口渡《ぐちのわたし》』として上演され、民衆に広く知られるに至った。

いっぽう義宗は、宗良とともに越後国に撤退したのち、脇屋義治と合流して中越地方で文和二年（正平八年＝一三五三）から軍事活動を再開したことが確認できる（「三浦《みうら》和田《わだ》羽黒《はぐろ》文書」）。義宗たちは、文和四年まで足利方の越後国守護の宇都宮氏綱の軍勢と戦ったが、劣勢に立たされた。そして貞治二年（正平十八年＝一三六三）、それまでともに越後国で抵抗活動を続けてきた旧直義派の上杉憲顕が鎌倉府に帰順すると（「上杉文書」〈貞治二年〉三月二十四日付足利基氏書状）、同国における新田氏の重要拠点だった上田荘《うえだのしょう》（現新潟県南魚沼市）と妻有荘《つまりのしょう》（現同十日町市）にも足利勢の進攻を許すようになり（「諸州古文書二十五」貞治三年十一月日付石河妙円《いしかわみょうえん》・同光親《みつちか》軍忠状写）、次第に逼塞していった。

応安元年（正平二十三年＝一三六八）七月、追い詰められた義宗は義治とともに上越国境で挙兵し、乾坤一擲《けんこんいってき》の勝負に出た（『喜連川判鑑《きつれがわばんかがみ》』『鎌倉公方九代記』）。この直前には、憲顕の鎌倉府復帰に反対する平一揆と氏綱が挙兵しており、これと連動した動きとも捉えられる。ところが、義宗と義治の挙兵は、これに関わる同時代史料（軍忠状や着到状）が一通も確認できないため、本当に挙兵したのか、にわかには信じがたい。だが、後世の編纂物にその情報が伝えられたという事実を重視すると、義宗と義治は確かに挙兵したものの、小規模だったため憲顕にすぐに鎮圧されてしまい、これに関わる同時代史料が存在しないとも理解できる。この挙兵で義宗は討ち死にし、義治は出羽国へ逃亡したという。

不屈の新田本宗家

一般的に、義興と義宗の死によって新田本宗家は滅亡し、東国の南朝勢力の組織的抵抗は終息を迎えたと認識されている。ところが、義興と義宗の死後も新田本宗家は反足利勢力を糾合し、組織的な抵抗活動を続けたのだっ

図34　南北朝から室町期の新田本宗家系図（中根正人、二〇一七より作成）

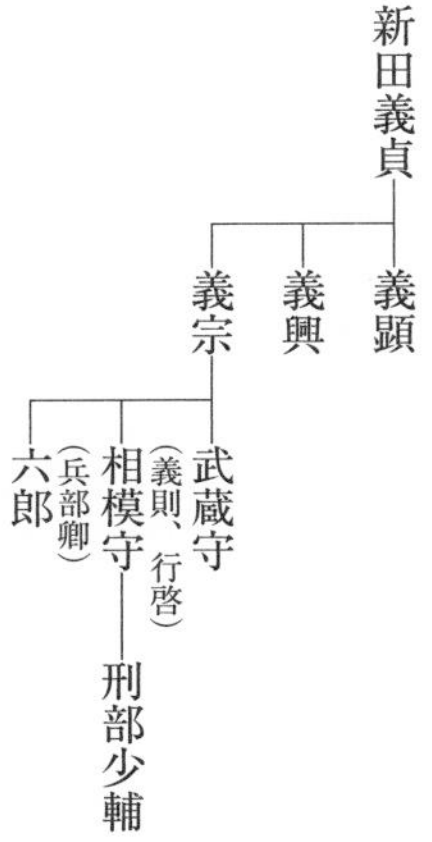

た（江田郁夫、二〇〇二、二〇一四・久保田順一、二〇一五・中根正人、二〇一七）。

すなわち、康暦二年（天授六年＝一三八〇）五月に始まった、武蔵野合戦後の関東における最大の激戦となった小山義政《よしまさ》の乱では、「新田方」が武蔵国で「蜂起」し、鎌倉府軍と戦ったことが確認できる（「江田《えだ》文書」）。この「新田方」は新田本宗家を中心とする反足利勢力と目されるが、鎌倉府軍との戦いは一ヵ月以上におよんだことから、この時点の新田本宗家は、反足利勢力を糾合して組織的に抵抗できる力をいぜん保持していた様子が知られる。義政の乱は永徳二年（弘和二年＝一三八二）四月に終結したが、「永徳のころ」に新田相模守と刑部少輔《ぎょうぶのしょう》の父子がそれまでの潜伏先だった信濃国大河原《おおかわら》（現長野県大鹿村）から陸奥国「岩城《いわき》の近所酒辺」に隠れたと伝わっている（『鎌倉大草紙《かまくらおおぞうし》』、以下『大草紙』と略称）。後述するように、新田相模守と刑部少輔は新田本宗家の人物とみられるが、この出来事は時期的に義政の乱と関係すると思われる。酒辺の具体的な場所は不明だが、岩城郡には小山氏の所領だった菊田荘《きくたのしょう》（現福島県いわき市）があったことから、そのなかの地名の可能性がある。すると、新田相模守と刑部少輔は、小山氏との連携関係を背景に酒辺へ逃れたことになる。

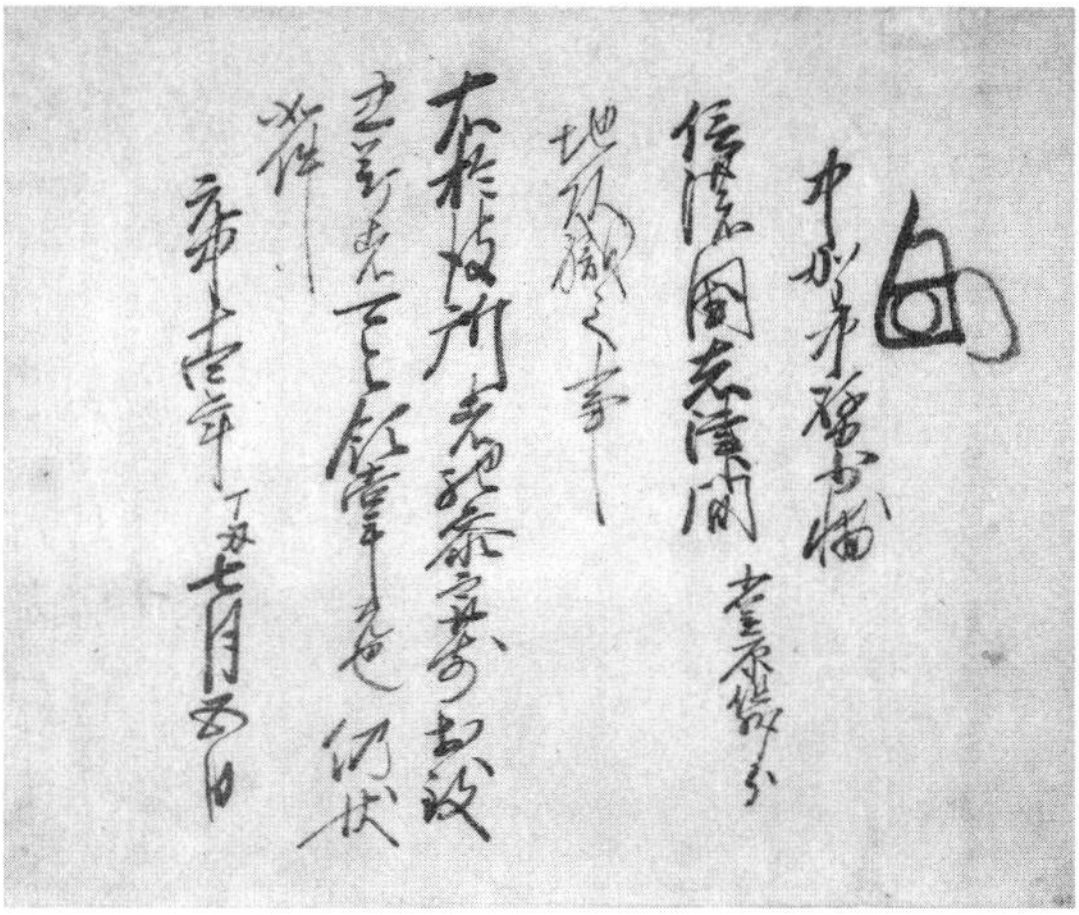

図35　新田武蔵守軍勢催促状（「市河文書」本間美術館所蔵）

義政の乱後も、新田本宗家は反足利勢力に挙兵を勧める廻文《めぐらしぶみ》を武蔵・上野一帯に出し（『頼印大僧正行状絵詞《らいいんだいそうじょうぎょうじょうえことば》』）、至徳三年（元中三年＝一三八六）の義政の遺児若《わか》犬丸《いぬまる》の挙兵を援助するほか、敗れた若犬丸を常陸の小田氏や陸奥の田村氏のもとに逃れさせるなど、鎌倉府への抵抗活動を継続した様子がうかがえる。二次史料が中心となるが、この時期に活動していた新田本宗家の人物には、新田武蔵守・新田相模守入道行啓《ぎょうけい》・刑部少輔が確認できる。新田武蔵守と同相模守はともに義宗の子で、刑部少輔は相模守の子（『大草紙』には従兄弟ともみえる）とみるのが妥当なようである（中根正人、二〇一七）。義興と義宗の死後、新田本宗家はこの三人に率いられ、鎌倉府への抵抗活動を継続したのだった。

若犬丸をかくまった小田氏と田村氏は、嘉慶二年（元中五年＝一三八八）と応永三年（一三九六）にそれぞれ鎌倉府の追討を受けて降伏した。その後、新田武蔵守は南越後を、同相模守は北関東を拠点にして、所領の給付・安堵・寄進を約束することで周辺の勢力を自陣へ誘引しようと試みている（中根正人、二〇一七）。新田本宗家は軍事的に弱体化したものの、鎌倉府への不屈の闘志を燃やし続けたわけだが、これは少数ながらも新田本宗家を支持した勢力が存在したからこそ可能なことだった。すなわち、当時の東国の諸勢力は所領の相続のほか、鎌倉府に保護された奉公衆《ほうこうしゅう》（鎌倉公方直属の武士）に所領を押領されるという問題をそれぞれに抱えていたため、これらを解決するための手段の一つとして新田本宗家とよしみを通じる者が絶えず現れ、こうした状況が新田本宗家の抵抗活動を可能にしていたのである。当時の東国諸勢力と鎌倉府の統治体制が抱えた諸矛盾が、新田本宗家の存続（抵抗活動）を許したといえよう。

対決の終焉

一族や鎌倉府に不満を持つ者たちの欲求に応え、彼らを巧みに自らの支持勢力に組み込むことで、新田本宗家は鎌倉府への抵抗活動を継続できた。しかし、軍事力を組織して鎌倉府に抵抗できたのは義政の乱までだった。その後は、反足利勢力同士を連携させたり、彼らを自陣に誘引するに留まり、実際に挙兵するまでに至らなかった。義政の乱後、新田本宗家の抵抗活動は低調になっていったことは否めないだろう。この背景には、これまで新田本宗家が拠点を置いてきた地域に鎌倉府の支配がおよぶようになったという事態があった。すなわち、小山氏・小田氏・田村氏の追討により北関東・南奥州地域に鎌倉府の支配が、越後国には守護上杉氏の支配が確立したのである。

こうして新田本宗家の活動範囲が狭まっていくなか、新田武蔵守と同相模守は最後のときを迎えることになる。応永十年（一四〇三）四月、相模守は木賀彦六《こがひころく》なる人物を頼って北関東から相模国底倉《そこくら》（現神奈川県箱根町）に移って潜んでいたところ、所在がばれてしまい討たれてしまった（『大草紙』）。そして、それから六年後の七月、武蔵守は廻文を回して挙兵を企てていたところ、鎌倉府侍所の千葉兼胤《かねたね》に生け捕りにされ、鎌倉近郊の稲瀬《いなせ》川《がわ》で処刑されてしまったのである（『大草紙』『妙法寺記《みょうほうじき》』）。なお、底倉に相模守と一緒にいた刑部少輔は難を逃れ、常陸国鹿島郡《かしまぐん》の富田《とみた》氏にかくまわれたことが知られているが

（中根正人、二〇一七）、その後の行方は不明である。

これにより新田本宗家は滅亡したかというと、そういうわけではなかった。武蔵守・相模守と同じく義宗の子で、出家して兵部卿《ひょうぶきょう》と名乗っていた人物が生き残っていたのである。この兵部卿は、応永二十三年十月に勃発した上杉禅秀《ぜんしゅう》の乱にさいし、禅秀に与した岩松満純《みつずみ》に対抗する新田一族に擁立され、還俗《げんぞく》して六郎と名乗り、一時は東上野一帯を支配下に置いたという（『大草紙』）。しかし、翌年正月に乱が終結すると鎌倉府の追討を受け、消息を絶つことになった。

この六郎の活動を最後に、新田本宗家は歴史の表舞台から姿を消す。ここに新田本宗家は滅亡し、建武二年（一三三五）十一月の足利尊氏の離叛以来繰り広げられてきた足利氏と新田氏の対決は、終止符が打たれたのだった。しかし、禅秀の乱にさいして、新田本宗家は鎌倉公方への対抗馬として擁立されなかったという事実が示すように、この時点で新田本宗家は鎌倉府に抵抗する存在ではなくなっていたのである。このことは、新田本宗家が鎌倉府（足利氏）に不満を持つ者たちの受け皿となりえなくなっていたことを表している。したがって、禅秀の乱よりも前に新田本宗家の存在意義は失われていたのであり、新田本宗家は一五世紀に入る頃にはすでに滅亡していたといえよう。

エピローグ　対決の果てに

岩松氏と新田姓

ここまで本巻では、足利氏と新田氏が対決に至るまでの政治過程と、南北朝内乱における両者の抗争の一部始終についてみてきた。新田本宗家は最後まで足利氏に抵抗し続け、最終的に歴史の表舞台から姿を消した。しかし、新田氏のなかには本宗家と袂を分かち、足利氏にしたがった者たちもいた。その代表的な存在は、父系で足利氏とつながる岩松氏である。本巻では最後に、この岩松氏を素材として、足利氏の覇権確立後の足利氏と新田氏の関係について瞥見《べっけん》し、両者の対決の幕を閉じたい。

足利氏にしたがったのちの岩松氏で注目すべきは、足利氏から新田姓で呼ばれるようになったという事実である。その初見は、貞治元年（一三六二）十二月二十二日付けの足利基氏御判観教書写《ごはんのみぎょうしょうつし》（「正木文書」）という史料なので、これ以前に岩松氏は新田姓で呼ばれるようになったことがわかる。

このときの岩松氏の当主は岩松直国《ただくに》という人物だったが、直国は観応の擾乱のさいに足利直義に与したため、直義の敗北により長く追放の憂き目をみていた。しかし、鎌倉公方の足利基氏が、畿内の南朝勢力追討の遠征に失敗した執事の畠山国清を追放し、旧直義派を復帰させるという政治判断を下したことで、直国にもそのチャンスが訪れた。すなわち、この基氏の政治判断に不満を持った国清が守護を務めていた伊豆国で挙兵すると、基氏は直国にも出陣を命じたのだった。この国清の乱の鎮圧に活躍した直国は、追放される以前の所領を取り戻し、さらに伊豆国にも所領を獲得して見事復帰を果たしたのだが、これと同時に新田姓で呼ばれるようになったのである。

岩松氏は新田氏の庶子家でもあったことを踏まえると、このことは何ら不思議ではないように思われる。しかし、実は追放される以前の直国は、「足利岩松殿」と呼ばれたこともあり（「小佐治《こさじ》文書」）、新田氏というよりも足利氏の庶子家と認識されていたように見受けられる。すると、復帰後の直国は、足利氏からあえて新田姓で呼ばれたことになる。この事実は、足利氏が直国に対し、新田氏として存続することを求めた結果を示していると考えられよう。

すると、この足利氏の要求は、何かしらの政治的思惑にもとづいているように予想される。その政治的思惑とは、いったいいかなるものだったのだろうか。

新田氏継承の政治的思惑

このことを考えるうえで注目されるのが、観応の擾乱の終結後から、足利氏は自分にしたがった新田氏の人物に対して、新田姓ないしはそれを冠して呼ぶようになったという事実である。文和元年（正平七年＝一三五二）十二月二十七日付けの足利尊氏御判御教書写（「蜷川親治氏所蔵文書」）において、里見氏系の大島義高《おおしまよしたか》を「新田兵庫頭《ひょうごのかみ》義高」と呼んだのが初見であり、以降、義高は「新田殿」（「総持寺文書」）・「新田大嶋兵庫頭」（「佐々木文書」）・「新田左衛門佐」（「春日神社文書」）などと呼ばれた。これに対し、観応の擾乱勃発以前に足利氏が新田姓で呼んだ人物は、いずれも南朝方に与して敵対した新田氏の者たちばかりだった。

こうした事実に注目すると、足利氏は、観応の擾乱を終結させて関東と畿内の支配をいちおう確立したのを機に、足利氏にしたがう新田氏の人びとに新田本宗家に代わって新田氏を継承させるという政治判断を下し、それを具体化するために彼らを新田姓で呼び始めたと考えられよう。その意図するところは、第四章「足利氏の時代へ」で述べたように、足利氏は新田氏（新田本宗家）をもういっぽうの源氏の嫡流と位置づけたが、武蔵野合戦によって足利氏が新田氏を軍事的に打倒したことで、唯一の源氏の嫡流の立場を確保したことを周囲に明示するべく、「新田氏」をしたがわせていることを具体的に示すことにあったと考えられる。

なお、南北朝期に足利氏から新田姓で呼ばれた人びとは、大島氏と岩松氏に限定されており、足利氏はこの二氏に新田氏を継承させせようとしたとみられる。基本的に大島氏は室町幕府から新田姓で呼ばれたのに対し、岩松氏は鎌倉府から呼ばれたことに着目すると、大島氏と岩松氏は室町幕府と鎌倉府のそれぞれで新田氏を継承する役割を担ったのかもしれない。

「管理」される新田氏

鎌倉府への復帰を機に、新田姓で呼ばれるようになった直国だったが、いっぽうで岩松姓でも呼ばれたことができるので、新田姓の呼称が固定化されたわけではなかったことが知られる。そして、直国の子の満国《みつくに》は岩松姓でのみ呼ばれたことから、一五世紀になると足利氏（鎌倉府）は、岩松氏を新田氏の継承者として積極的に位置づけるという指向を後退させた様子がうかがえる。

この背景には、足利氏を頂点とする政治体制・秩序が確立したことにより、新田氏が足利氏の対抗馬としての存在意義を失い、新田氏をしたがわせていることを誇示する必要性がなくなったことが考えられる。第四章でみたように、応永二十三年（一四一六）の上杉禅秀の乱の時点で、新田本宗家は鎌倉公方への対抗馬として擁立されなくなっていたことを想起すると、この想定は首肯されよう。

しかしそのいっぽうで、新田氏は足利氏によってもういっぽうの源氏の嫡流という貴種性（権威）を認められたため、ふたたび足利氏に不満を持つ者たちの受け皿となりうる可能性を秘めていたと考えられる。実際、正長元年（一四二八）五月に上野国で新田氏が挙兵したという一報を関東管領《かんとうかんれい》で同国の守護でもあった上杉憲実《のりざね》が入手し、鎌倉公方の足利持氏《もちうじ》に伝えたところ、持氏が仰天したという知らせが京に伝わっている（『建内記《けんないき》』）。この新田氏の挙兵は実際にあったのか不明だが、一五世紀前半時には、新田氏が足利氏に不満を持つ者たちの受け皿になって挙兵するという事態はいまだ現実味のある話しとして受けとめられていた様子がうかがえる。すると、足利氏が岩松氏を新田姓で呼ばなくなったのは、不必要に新田氏を存続させることで、反足利勢力の受け皿をよみがえらせることを忌避《きひ》したからだとも考えられよう。

ところが、永享十二年（一四四〇）に勃発した結城合戦のさい、当時幕府の庇護を受けていた岩松長純《ながずみ》（のちの家純《いえずみ》）が、幕府から新田姓を冠して呼ばれたことが確認できる（「西谷岩松文書《にしたにいわまつ》」）。このとき長純は、京から幕府軍の一員として関東に下向してきたのだが、おそらく新田姓を冠して呼ぶことで長純の新田氏としての貴種性を幕府軍に周知させ、独自の軍事基盤を持たなかった長純を権威づけることが目的だったと考えられる。そして、その一五年後に勃発した享徳《きょうとく》の乱にさいしては、当初古河《こが》公方（鎌倉公方）方だった岩松持国《もちくに》（長純の従兄弟）が長禄二年（一四五八）に幕府方に帰順すると、長純と同様に幕府から新田姓で呼ばれるようになったことが確認できる（久保田順一、二〇一九）。幕府は持国を新田姓で呼ぶことで、もういっぽうの源氏の嫡流であることを意識させて自尊心を満たし、帰順に対する報奨《ほうしょう》としたのだろう。また、こののち持国は幕府軍に加わって古河公方を攻めることになったことに着目すると、持国には古河公方に対抗できる貴種性が備わっていることを自覚させるためだったとも考えられよう（これは足利氏にとってみれば諸刃の剣でもあったのだが）。

こうしてみると、南北朝期以降の足利氏は、自らが新田氏に付与した貴種性（権威）を操作しながら、必要に応じて新田氏を「復活」させていたことに気づくだろう。つまり、足利氏の覇権確立後の新田氏は、足利氏によって「管理」される存在になったと理解できるのである。これが、対決の果てにたどり着いた足利氏と新田氏の関係ということになる。

新田氏が足利氏の「管理」から解放されるのは、室町幕府の滅亡を待たなければならなかった。しかし、足利氏の手から解放された新田氏の貴種性は、やがて関ヶ原《せきがはら》合戦の勝利によって天下の覇権を握った徳川家康《とくがわいえやす》の手に収められることになった。すなわち家康は、吉良氏から義国流清和源氏の系図を譲り受け、新田義重の子義季を徳川氏の初代とする系譜を作成することで、新田氏の貴種性を手に入れたのである。これにより、新たな新田氏の「管理」者となった家康（徳川氏）は征夷大将軍の任官を果たし、同時に新田氏が足利氏に代わって源氏の嫡流となったのである。

参考文献

全体を通して

清水克行『足利尊氏と関東』吉川弘文館、二〇一三年
田中大喜「中世前期上野新田氏論」同編著『上野新田氏』戎光祥出版、二〇一一年
田中大喜「中世前期下野足利氏論」同編著『下野足利氏』戎光祥出版、二〇一三年
田中大喜『新田一族の中世』吉川弘文館、二〇一五年
峰岸純夫『新田義貞』吉川弘文館、二〇〇五年
森　茂暁『足利尊氏』KADOKAWA、二〇一七年
山本隆志『新田義貞』ミネルヴァ書房、二〇〇五年

プロローグ　足利氏と新田氏の格差

桑山浩然「室町幕府の草創期における所領」同『室町幕府の政治と経済』吉川弘文館、二〇〇六年、初出一九六三年
細川重男『鎌倉幕府の滅亡』吉川弘文館、二〇一一年
前田治幸「鎌倉幕府家格秩序における足利氏」田中大喜編著『下野足利氏』、初出二〇一〇年a
峰岸純夫・江田郁夫編『足利尊氏再発見』吉川弘文館、二〇一一年

一　格差のはじまり

臼井信義「尊氏の父祖」田中大喜編著『下野足利氏』、初出一九六九年
川合　康『源頼朝』ミネルヴァ書房、二〇二一年
木下竜馬「新出鎌倉幕府法令集についての一考察」『古文書研究』八八、二〇一九年
小谷俊彦「鎌倉御家人足利氏」田中大喜編著『下野足利氏』、初出一九七七年a
佐々木紀一「矢田判官代在名・大夫房覚明前歴」『米沢史学』一七、二〇〇一年
佐藤雄基「公卿昇進を所望した武蔵守について」阿部猛編『中世政治史の研究』日本史史料研究会企画部、二〇一〇年
清水　亮『中世武士畠山重忠』吉川弘文館、二〇一八年
須藤　聡「鎌倉期里見一族の動向と平賀一族」田中大喜編著『上野新田氏』、初出二〇一〇年
須藤　聡「中世成立期上野国と受領・武士団の動向」『群馬文化』三一一、二〇一二年
高橋一樹『東国武士団と鎌倉幕府』吉川弘文館、二〇一三年
中野栄夫「鎌倉幕府政治の展開と備作地方」『岡山県史第四巻　中世二』岡山県、一九九〇年
花田卓司「鎌倉初期の足利氏と北条氏」元木泰雄編『日本中世の政治と制度』吉川弘文館、二〇二〇年
彦由三枝子「『承久の乱』前後に於ける前武蔵守足利義氏」『政治経済史学』一〇〇、一九七四年
菱沼一憲「地域社会間抗争から政権奪取へ」同『中世地域社会と将軍権力』汲古書院、二〇一一年、初出二〇〇四年
前田治幸「鎌倉幕府家格秩序における足利氏」（前掲）

松島周一『鎌倉時代の足利氏と三河』同成社、二〇一六年
桃崎有一郎「鎌倉幕府垸飯儀礼の変容と執権政治」『日本史研究』六一三、二〇一三年
山本隆志「東国における武士と法会・祭礼との関係」同『東国における武士勢力の成立と展開』思文閣出版、二〇一二年、初出二〇一一年
吉井功兒「鎌倉後期の足利氏家督」田中大喜編著『下野足利氏』、初出二〇〇〇年
渡邊正男「丹波篠山市教育委員会所蔵『貞永式目追加』」『史学雑誌』一二八―九、二〇一九年

二　広がる格差

磯部淳一「蕨手文隅飾をもつ宝篋印塔の考察」『ぐんま史料研究』三、一九九四年
市沢　哲「『難太平記』二つの歴史的射程」同『日本中世公家政治史の研究』校倉書房、二〇一一年、初出二〇〇二年
市村高男「鎌倉期成立の『結城系図』二本に関する基礎的考察」峰岸純夫・入間田宣夫・白根靖大編『中世武家系図の史料論　上巻』高志書院、二〇〇七年
小川　信「斯波氏の興起と分国の形成」同『足利一門守護発展史の研究』吉川弘文館、一九八〇年、初出一九七一・一九七三年
川合　康「武家の天皇観」同『鎌倉幕府成立史の研究』校倉書房、二〇〇四年、初出一九九五年
久保田順一「新田一族の家の成立と女性」同『中世前期上野の地域社会』岩田書院、二〇〇九年、初出二〇〇〇年
久保田順一『新田義重』戎光祥出版、二〇一三年

熊谷隆之「ふたりの為時」『日本史研究』六一一、二〇一三年
紺戸　淳「武家社会における加冠と一字付与の政治性について」『中央史学』二、一九七九年
小谷俊彦「北条氏の専制政治と足利氏」田中大喜編著『下野足利氏』、初出一九七七年b
小谷俊彦「足利氏の所領とその経営」田中大喜編著『下野足利氏』、初出一九七七年c
小林吉光「足利氏の三河支配」『新編岡崎市史　中世』新編岡崎市史編さん委員会、一九八九年
佐藤進一『増補鎌倉幕府守護制度の研究』東京大学出版会、一九七一年
佐藤進一『足利義満』平凡社、一九九四年、初刊一九八〇年
新行紀一「足利氏の三河額田郡支配」田中大喜編著『下野足利氏』、初出一九八〇年
新行紀一「鎌倉街道矢作宿」『新編岡崎市史　中世』新編岡崎市史編さん委員会、一九八九年
鈴木由美「鎌倉期の『源氏の嫡流』」日本史史料研究会編『将軍・執権・連署』吉川弘文館、二〇一八年
須藤　聡「鎌倉期里見一族の動向と平賀一族」田中大喜編著『上野新田氏』、初出二〇一〇年
高橋秀樹『日本中世の家と親族』吉川弘文館、一九九六年
田中拓也「足利尊氏の兄、高義の生母をめぐって」『七隈史学』二一、二〇一九年
田中奈保「高氏と上杉氏」田中大喜編著『下野足利氏』、初出二〇〇五年
田辺　旬「鎌倉期武士の祖先観と南北朝内乱」『鎌倉遺文研究』四二、二〇一八年
谷口雄太「足利氏御一家考」同『中世足利氏の血統と権威』吉川弘文館、二〇一九年、初出二〇一二年

谷口雄太「足利一門再考」同『中世足利氏の血統と権威』、初出二〇一三年
福田豊彦「鎌倉時代の足利氏にみる家政管理機構」同『室町幕府と国人一揆』吉川弘文館、一九九五年、初出一九七七年
細川重男「右近衛大将源惟康」同『鎌倉北条氏の神話と歴史』日本史史料研究会、二〇〇七年、初出二〇〇二年
前田治幸「鎌倉幕府家格秩序における足利氏」（前掲）
前田治幸「足利貞氏の讃岐守任官と出家時期」『ぶい&ぶい』一三、二〇一〇年b
松島周一『鎌倉時代の足利氏と三河』（前掲）
村井章介『北条時宗と蒙古襲来』日本放送出版協会、二〇〇一年
山田敏恭「高一族の相克」『ヒストリア』二〇六、二〇〇七年
山本隆志「北関東における武士勢力成立の政治史」同『東国における武士勢力の成立と展開』、初出二〇一〇年
吉井功兒「鎌倉後期の足利氏家督」（前掲）

三　連携から対決へ

家永遵嗣「室町幕府の成立」『学習院大学文学部研究年報』五四、二〇〇八年
家永遵嗣「建武政権と室町幕府との連続と不連続」『九州史学』一五四、二〇一〇年
家永遵嗣「光厳上皇の皇位継承戦略と室町幕府」桃崎有一郎・山田邦和編『室町政権の首府構想と京都』文理閣、二〇一六年

市沢　哲「建武新政の歴史的性格」同『日本中世公家政治史の研究』、初出一九九一年
市沢　哲「太平記とその時代」同編『太平記を読む』吉川弘文館、二〇〇八年
井上信一「室町幕府初期の軍事指揮に関する御教書の一考察」『信大史学』一九、一九九四年
岡野友彦「尊氏を高氏と表記すること・再論」『古文書学の再構築』平成二三年度〜二五年度科学研究費補助金研究成果報告書、二〇一四年
小川　信「『梅松論』諸本の研究」岩崎小弥太博士頌寿記念会編『日本史籍論集　下巻』吉川弘文館、一九六九年
亀田俊和「陸奥将軍府恩賞充行制度の研究」同『室町幕府管領施行システムの研究』思文閣出版、二〇一三年、初出二〇一一年
阪田雄一「雑訴決断所と鎌倉将軍府」佐藤博信編『中世東国の政治構造』岩田書院、二〇〇七年
峰岸純夫・江田郁夫編『足利尊氏再発見』(前掲)
桃崎有一郎「建武政権論」『岩波講座日本歴史第7巻中世2』岩波書店、二〇一四年
森　茂暁「建武政権の構成と機能」同『増補改訂　南北朝期公武関係史の研究』思文閣出版、二〇〇八年、初出一九七九年
山田敏恭「南北朝期における上杉一族」黒田基樹編著『関東管領上杉氏』戎光祥出版、二〇一三年、初出二〇一〇年
吉井功兒「建武政権期の新田義貞」田中大喜編著『上野新田氏』、初出一九九〇年
吉井功兒『建武政権期の国司と守護』近代文藝社、一九九三年

吉原弘道　「建武政権における足利尊氏の立場」『史学雑誌』一一一―七、二〇〇二年

四　足利氏の時代へ

石原比伊呂　「義詮期における足利将軍家の変質」同『室町時代の将軍家と天皇家』勉誠出版、二〇一五年、初出二〇一一年
生駒哲郎　「足利尊氏発願一切経考」『東京大学史料編纂所研究紀要』一八、二〇〇八年
家永遵嗣　「室町幕府の成立」（前掲）
石原比伊呂　「義詮期における足利将軍家の変質」同『室町時代の将軍家と天皇家』勉誠出版、二〇一五年、初出二〇一一年
市沢　哲　「南北朝内乱期における天皇と諸勢力」同『日本中世公家政治史の研究』、初出一九九六年
市沢　哲　「『難太平記』二つの歴史的射程」（前掲）
伊藤喜良　『東国の南北朝動乱』吉川弘文館、二〇〇一年
植田真平　「鎌倉公方基氏の成立」黒田基樹編『足利基氏とその時代』戎光祥出版、二〇一三年
江田郁夫　「東国の元中年号文書と新田一族」同『室町幕府東国支配の研究』高志書院、二〇〇八年、初出二〇〇二年
江田郁夫　「新田武蔵守某について」『栃木県立博物館研究紀要―人文―』三一、二〇一四年
亀田俊和　『観応の擾乱』中央公論新社、二〇一七年
川合　康　「武家の天皇観」（前掲）
久保田順一　『新田三兄弟と南朝』戎光祥出版、二〇一五年
武田昌憲　「『難太平記』の世界」長谷川端編『太平記の成立』汲古書院、一九九八年
田中大喜　「南北朝期の越前と室町幕府」『歴史研究の最前線』一九、二〇一七年

田辺　旬　「鎌倉期武士の祖先観と南北朝内乱」（前掲）
谷口雄太　「足利一門再考」（前掲）
中根正人　「室町前期東国の南朝勢力」『日本歴史』八二六、二〇一七年
西山美香　「法観寺八坂塔〔利生塔〕の再興」同『武家政権と禅宗』笠間書院、二〇〇四年、初出二〇〇二年
西山美香　「天龍寺〔安国寺〕の創建」同『武家政権と禅宗』
原田正剛　「初期鎌倉府における所務沙汰の一形態」『中央史学』二三、二〇〇〇年
原田正剛　「鎌倉府成立に関する一考察」『中央史学』二六、二〇〇三年
兵藤裕己　『太平記〈よみ〉の可能性』講談社、一九九五年
本郷和人　「『源威集』を読む」『茨城県史研究』八〇、一九九八年
松島周一　「水野致秋と新田義興」『歴史研究』四九、二〇〇三年
峰岸純夫　「南北朝内乱と武士」同『中世の合戦と城郭』高志書院、二〇〇九年、初出一九九八年
山家浩樹　『足利尊氏と足利直義』山川出版社、二〇一八年
吉井功兒　『建武政権期の国司と守護』（前掲）

エピローグ　対決の果てに

久保田順一　「新田姓と岩松一族の家内抗争」『群馬文化』三三七、二〇一九年

略年表

年号	西暦	事項
治承四	一一八〇	八月、源頼朝、伊豆国で挙兵。九月、新田義重、上野国寺尾城で挙兵。十月、頼朝、鎌倉に入る。十二月、頼朝の大倉御所移徙に足利義兼供奉。同じ頃、義重、頼朝に帰順。
養和二	一一八二	七月、義重、頼朝の勘気を受けて失脚。嫡子義兼が継承。
建久十	一一九九	正月、頼朝死去。三月、足利義兼死去、嫡子義氏が継承。
建保元	一二一三	五月、義氏、和田合戦に北条氏方として参戦し勝利。
承久三	一二二一	五月、承久の乱勃発。義氏、東海道大将軍の一人となり京都へ進攻。こののち義氏、三河国守護となる。
寛元二	一二四四	六月、新田政義、突然の出家により所領没収のうえ失脚。
宝治元	一二四七	六月、義氏、宝治合戦に北条氏方として参戦し勝利。上総国守護を兼任。
建長三	一二五一	十二月、足利泰氏、突然の出家により所領没収のうえ失脚。
建長六	一二五四	十一月、義氏死去。孫の足利頼氏が継承するも八年後に早世。
文永九	一二七二	二月、将軍近臣の世良田頼氏、二月騒動により失脚。
弘安七	一二八四	六月、佐介事件勃発。足利家時、自害。嫡子貞氏が継承。
弘安八	一二八五	十一月、霜月騒動勃発。吉良貞氏・斯波宗家、討たれる。
文保元	一三一七	六月、貞氏を後継した足利高義死去。貞氏、当主に復帰。
元徳三	一三三一	八月、後醍醐天皇、山城国笠置山で挙兵。九月、貞氏が死去し、足利高氏が継承。同月、高氏、幕府軍の大将軍の一人として出陣。後醍醐、捕らえられ

		隠岐に配流。
正慶二	一三三三	二月、後醍醐、隠岐を脱出。幕府、追討軍を派遣。四月、高氏、後醍醐に帰順。五月、高氏、六波羅を攻略。新田義貞、足利千寿王とともに鎌倉を攻略。八月、高氏、従三位に叙され公卿に列し、名を尊氏と改める。八～十月、義貞、上野・越後・播磨三ヵ国の国司に就任。
建武二	一三三五	七月、中先代の乱勃発。八月、尊氏、鎌倉を奪還し、独自の裁量で恩賞給付を開始。十一月、足利直義、義貞討伐を掲げて挙兵。後醍醐、義貞を大将軍とする追討軍を派遣。
三（延元元）	一三三六	二月、義貞・北畠顕家・楠木正成ら官軍、豊島河原合戦で勝利。尊氏・直義、九州へ敗走。五月、官軍、湊川の戦いで敗北。六月、尊氏・直義、再入京。八月、光明天皇即位（北朝）。十月、尊氏、後醍醐と講和。義貞、恒良親王をともない越前国敦賀へ下向。十二月、後醍醐、吉野へ脱す（南朝）。
四（延元二）	一三三七	三月、足利氏方、越前国金ヶ崎城を攻略。
暦応元（延元三）	一三三八	二月、義貞、越前国府を攻略し、四月までに金ヶ崎城を奪還。閏七月、義貞戦死。八月、尊氏、征夷大将軍に就任。
二（延元四）	一三三九	八月、後醍醐死去。
貞和四（正平三）	一三四八	正月、高師直・師泰、四條畷の戦いに勝利し、吉野を攻略。

観応元（正平五）	一三五〇	十一月、直義挙兵し、足利氏の内紛勃発（観応の擾乱）。
三（正平七）	一三五二	正月、直義、尊氏と和睦するも翌月死去。閏二月、楠木正儀が挙兵し京を占拠、新田義興・義宗が挙兵し鎌倉を占拠。三月、尊氏、鎌倉奪還（武蔵野合戦）。足利義詮、京奪還。
延文三（正平十三）	一三五八	四月、尊氏死去。十二月、義詮、征夷大将軍に就任。
延文四（正平十四）	一三五九	十月、義興武蔵国で自害。
応安元（正平二十三）	一三六八	七月、義宗、脇谷義治と上越国境で挙兵し、戦死。
応永十	一四〇三	四月、新田相模守、相模国底倉で戦死。
応永十六	一四〇九	七月、新田武蔵守、鎌倉近郊の稲瀬で処刑。

著者紹介

一九七二年、東京都に生まれる

二〇〇五年、学習院大学大学院人文科学研究科博士後期課程修了

現在、国立歴史民俗博物館研究部・総合研究大学院大学文化科学研究科准教授（併任）、博士（史学）

主要編著書

『中世武士団構造の研究』（校倉書房、二〇一一年）

『新田一族の中世―「武家の棟梁」への道―』（吉川弘文館、二〇一五年）

『増補改訂新版 日本中世史入門―論文を書こう―』（共編著、勉誠出版、二〇二一年）

『図説 鎌倉幕府』（編著、戎光祥出版、二〇二一年）

『中世武家領主の世界―現地と文献・モノから探る―』（編著、勉誠出版、二〇二一年）

対決の東国史3

足利氏と新田氏

二〇二一年（令和三）十二月二十日 第一刷発行

著　者　田《た》中《なか》大《ひろ》喜《き》

発行者　吉川道郎

発行所　株式会社 吉川弘文館

東京都文京区本郷七丁目二番八号

郵便番号一一三―〇〇三三

電話〇三―三八一三―九一五一〈代表〉

振替口座〇〇一〇〇―五―二四四

http://www.yoshikawa-k.co.jp

印刷＝株式会社 東京印書館

製本＝株式会社 ブックアート

装幀＝渡邉雄哉

© Hiroki Tanaka 2021. Printed in Japan

ISBN978-4-642-06869-7

JCOPY 〈出版者著作権管理機構 委託出版物〉

本書の無断複写は著作権法上での例外を除き禁じられています．複写される場合は，そのつど事前に，出版者著作権管理機構（電話 03-5244-5088，FAX 03-5244-5089，e-mail: info@jcopy.or.jp）の許諾を得てください．

刊行のことば

近年の中世東国史研究の進展はめざましいものがあります。しかし、その政治史をひもとくと、覇権争いの登場人物がめまぐるしく入れ替わるため、ひとつの歴史の流れとして把握しにくい面があります。そこで本シリーズでは、東国における特定の時代を代表する二つの武家の協調と相克の様相を通じて、中世東国の政治史をわかりやすく叙述することを目指しました。

第一巻から第七巻まで、主役に据える武家はさまざまです。しかし各巻では、①主役武家の系譜意識、②その武家の存在形態（一族・姻族・地縁等の人間関係や領主組織など）、③畿内の政権・政局との関係、という三つの観点を共有することで、内容に統一感を持たせるとともに、主役武家を、その時代と「東国」のなかに位置づけるように配慮しました。

本シリーズの叙述姿勢は「単純化しすぎ」との批判を招くかもしれませんが、研究の要点を的確にまとめた「わかりやすい」中世東国の通史として、多くの読者に長く親しまれることを期待します。

二〇二一年十二月

企画編集委員
高橋　秀樹
田中　大喜

対決の東国史

1 源頼朝と木曾義仲　長村祥知著
2 北条氏と三浦氏＊　高橋秀樹著
3 足利氏と新田氏＊　田中大喜著
4 鎌倉公方と関東管領　植田真平著
5 山内上杉氏と扇谷上杉氏　木下　聡著
6 古河公方と小田原北条氏　阿部能久著
7 小田原北条氏と越後上杉氏　簗瀬大輔著

本体各２０００円（税別）　＊は既刊

吉川弘文館